[redacted]

LA PASSION POUR SEUL BAGAGE

Mathieu Johann

LA PASSION POUR SEUL BAGAGE

Avec la collaboration de Serge Poezevara

TF1 EDITIONS

© ISBN : 2-87761-192-2

À mes trois étoiles,
Hippolyte Lepresle,
Julien Hopquin,
Yan-Philippe Blanc.

À Éliane, ma maman.

Prologue

« Et Paris qui bat la mesure
Paris qui mesure notre émoi... »

Ça y est, j'y suis. Les caméras sont sur moi. Ne pas craquer, ne pas flancher. Je le sais, c'est mon dernier prime. Tout à l'heure, je quitterai l'aventure, m'effaçant devant Grégory. Je suis fier de cette *Valse à mille temps*. Chanter Brel et puis partir.

« Une valse à quatre temps
C'est beaucoup moins dansant... »

Être en demi-finale de « Star Academy » et chanter Brel. Imposer Brel. Plus le temps de penser. Juste se concentrer. Donner le meilleur de soi-même. Autour de moi tournent les danseurs de Kamel Ouali. Ma tête tourne aussi. Vertige. Continuer.

« À chaque carrefour
Dans Paris que l'amour
Rafraîchit au printemps... »

Oubliées les caméras, oubliés les votes. La musique est en moi. Les notes me transportent. Le rythme s'accélère. Je chante... je chante...

« Et Paris qui bat la mesure
Laisse enfin éclater sa joie... »

Ma joie à moi est perceptible et transpire par chacun de mes pores.

Je chante pour toi, maman, qui m'as toujours laissé chanter. Je chante pour les années méchantes et les belles années. Je chante pour chanter, car je ne veux que ça.

« Une valse à mille temps
Une valse à mille temps
Une valse à mille temps... »

Les danseurs quittent la scène. Je suis seul, debout. C'est fini, déjà. Je vois des regards. De petites flammes.

Trois mois de télé-réalité pour en arriver là. Trois minutes de Brel pour vous dire qui je suis.

Je vous ai montré mon âme, et je me sens bien. Je me sens vivant. Je me sens chanteur.

Enfance

Les doigts sur les touches de mon synthé, les lèvres collées au micro qui sature, je massacre les derniers tubes radio. Debout sur le balcon, au deuxième étage, je ferme les yeux et m'imagine en scène. En bas, quelques passants interloqués relèvent la tête pour regarder ce gamin qui s'agite. Il est midi et demi. Dans une heure, je retournerai en classe. Pour l'instant, je suis chanteur et rien ne pourrait me faire sortir de mon rêve.

J'habite seul avec maman, dans un petit appartement, sur un «boulevard» qui n'en porte que le nom. Il n'a rien à voir avec les Grands Boulevards parisiens ou les fières artères des grandes villes de province. Ce boulevard-là est une simple rue bordée d'immeubles sans grand caractère, de constructions récentes «à loyers modérés». Des HLM, quoi, et quelques pavillons entourés de leur carré de verdure. Des boulevards comme le nôtre, des rues bordées d'immeubles récents et sans histoire, il y en a bien d'autres à Saint-Lô. Et c'est pourtant là, dans cette ville, que j'ai construit mon histoire. Dans un immeuble sans âme qui m'a apprivoisé. Où maman et moi nous sommes construit notre univers. Douillet. Rassurant.

Maman est tombée enceinte de moi en septembre 1979 à Houlgate, dans cette jolie station balnéaire de la côte normande, où les hôtels et le casino ont conservé le charme de la Belle Époque. Le lieu était romantique. Il était beau. Elle était amoureuse de lui. Très certainement lui d'elle...

Lui, belle gueule, athlétique, coureur cycliste à ses heures perdues, visiblement pas mauvais – je n'ai pas dû hériter de ces gènes-là – et inévitablement vendeur de vélos ! Vendeur de meubles aussi parfois, au gré de ses fortunes et de ses infortunes. Un type un peu plus âgé qu'elle, un peu tombeur sur les bords. Et surtout un homme marié, et déjà papa de plusieurs chérubins. Voulait-il quitter le cocon familial ? Souhaitait-il réaliser ses fantasmes de vieux pacha attirant ? Je ne pense pas avoir un jour l'occasion de lui poser la question. Je ne le connais pas et, à vrai dire, je n'en ai pas envie. Peut-être parce que lui-même n'en a jamais éprouvé le besoin. On s'est tout juste rencontrés une ou deux fois. Mais il n'a jamais été là. Pour lui, je ne suis pas son fils. Alors normal qu'il ne soit pas mon père.

Je n'ai pas de père.

Petit, enfin, dès que je connais le mot – je l'appelle « mon géniteur ».

Pendant vingt ans, il habite à deux pas de chez moi, dans un petit pavillon blanc devant lequel je passe souvent. Mais je ne l'aperçois que rarement. Et ça ne me manque pas. L'arrêt de bus « Rue du Général-Kœnig » se situe juste en face de sa maison. Une fois, nos regards se sont croisés. Peut-être deux. C'est tout. À cette époque, j'ai l'obsession de le tuer. Par principe. Je lui en veux de n'être à mes côtés à aucun moment. Je le déteste plus encore quand je vois mes copains de classe avec maman à droite, papa à gauche, main dans la main. J'ai vite conscience que je ne grandis pas comme les autres. Ça démarre en début d'année scolaire, à l'école primaire, à l'heure où la maîtresse nous pose quelques questions, pour mieux nous connaître. L'inévitable « profession des parents » ! Je commence toujours par dire que maman est infirmière. Et quand l'institutrice me demande : « Et que fait ton père ? », je réponds : « Néant, et je sais même pas son prénom. » Chaque année, je lis la même gêne dans les yeux de celle qui va nous instruire. Je ne suis pourtant pas complexé de ne pas avoir de papa. Même si les autres en ont tous un, ou presque. Je n'en parle pas, et on ne me pose pas de questions.

Une seule fois, je pique une vraie crise. Terrible, d'après maman. Ce jour-là, papy vient me chercher à l'école avec un air mystérieux. Je suis fier qu'Hippolyte soit l'homme de la famille. Il porte souvent un beau costume gris. Une main dans la poche, il s'appuie contre le mur de l'école, suce une pastille Vichy ou un bonbon « Stoptou » et regarde les enfants sortir de l'école. Il me prend par la main en me disant qu'il a une petite surprise. « Une surprise de la part de ton papa... »

Par principe, je n'adhère pas. J'ai envie de jouer l'indifférence, mais la curiosité est plus forte et je me laisse tenter. Arrivé chez papy, dans cet appartement modeste et à peine plus grand que le nôtre, j'aperçois un sac en plastique dans lequel il y a, c'est vrai, quelques cadeaux. Mais quels cadeaux ! Non, mon père n'a pas décidé de s'intéresser un peu à moi et d'aller m'acheter un quelconque jouet pour me marquer un peu d'affection. Il a mis dans un sac « Scott » (une marque de vélos !) deux ou trois gadgets publicitaires ramassés çà et là, sans doute lors d'une de ses courses cyclistes. Un porte-document, quelques stylos rassemblés. Quel mépris ! Je suis vexé, humilié. Maman aussi, je crois, trouve ça grotesque. Mais mon grand-père clôt la discussion : c'est le geste qui compte ! Je ne sais trop pourquoi, papy et lui sont toujours restés en bons termes et se croisent parfois dans Saint-Lô.

Papy, c'est un peu mon papa. On passe du temps ensemble pendant les vacances. Le mardi matin, il m'emmène au marché aux bestiaux, là où tous les agriculteurs viennent acheter ou vendre bovins et ovins. Ça n'y sent pas très bon, mais j'aime cette ambiance de grands qui rappelle la campagne.

Je ne vis pas dans un foyer aisé. Je pense que j'en ai toujours été conscient. La Fiat Uno blanche un peu rouillée de maman en témoigne. Le quartier aussi. Les jeux à l'extérieur sont sans cesse tagués, et sentent l'urine. Ça crie parfois le soir dans l'avenue en bas. On entend craquer des pétards même lorsque ce n'est ni le 14 Juillet ni le jour de l'an. Des camarades de classe « un peu craignos », comme dit ma mère.

Maman, c'est ce qu'on appelle à l'époque une « hippie ». En tout cas elle en a le profil : de larges lunettes, de grandes robes, sans doute un peu fumeuse de joints, même si elle ne m'en a jamais rien dit. Je l'imaginerais bien à Woodstock. Née en 1955, elle a grandi à Saint-Sauveur-Lendelin, un patelin de la campagne normande. Une bourgade où il fait bon vivre.

Ma mère est une baroudeuse qui n'a pas peur de grand-chose. À l'époque, elle fréquente les camps Emmaüs avec ses potes chiffonniers, trie les vêtements, les meubles, les jouets... J'aime sa philosophie. C'est une idéaliste, avec les pieds sur terre. « On en revient toujours », me dit-elle.

À la maison (enfin, l'appartement), je sais que ça n'a pas toujours été rose. J'ai bien compris en grandissant que maman n'avait pas toujours mangé à sa faim pour ne pas me priver. Lorsque j'arrive, elle partage son temps entre la fin de ses études d'infirmière et moi, toute petite chose qu'elle s'est décidée à aimer et à préserver. Seule. Il faut attendre la fin de ses études et son premier vrai travail pour que nous ne manquions plus de rien. Mais c'est la prudence qui règne, sans excès ni folies. Pas de gros plaisirs, pas d'achats superflus. Elle a connu les années de vaches maigres. Les années où on vit d'amour, de copains, de coups de pouce, de solidarité. C'est l'entraide qui prime entre voisins... On se nourrit plus de livres et de chansons que de foie gras !

Dans la salle à manger, il y a un engin bizarre qui prend pas mal de place et m'intrigue beaucoup : son métier à tisser. Rarement, elle s'y pose. Des bobines de laine traînent sous les pédales de cette impressionnante machine de bois. J'aime bien entendre son roulement, les bobines qui se dévident, ces sons des pédales qu'elle maîtrise parfaitement. Parfois, elle me dit : « Ç a me rappelle Aubusson. » C'est là qu'elle a appris à tisser. Je sais qu'elle aimerait y retourner.

Souvent, chez moi, il y a Brigitte. Brigitte, c'est ma tante, la sœur de maman, la petite beauté de la famille. Jolie petite fille, elle se chamaille souvent avec maman.

Il y a Guy aussi, leur frère. Je le vois rarement, il n'est pas souvent là. J'aime traîner dans cette petite chambre qu'il a, rue de la Roquette, chez papy et mamy. C'est un vrai bazar, et moi, ça me plaît. Une guitare électrique, des affaires partout, une platine disques, des cassettes de rock punk, des Sex Pistols et autres, des cartons que j'essaie d'ouvrir tant bien que mal, et des tas de petits objets inutiles que j'aime tripoter. Il n'est ni sympa ni méchant avec moi. Indifférent, je pense. Nous n'avons pas le même âge, donc peu de choses à partager. Plus tard, nous nous rapprocherons, quand il se mettra à la moto. À cette époque, maman le prie de bien vouloir me promener, mais ne ménage pas ses recommandations :

— Pas trop longtemps surtout, et faites attention...

Guy et moi, je le regrette, on ne se connaît pas vraiment. Il s'est très vite engagé dans les paras. Je me souviens des inquiétudes de mon grand-père et de la douleur de voir son fils le quitter pour la caserne de Castres.

J'ai toujours été scolarisé juste en face de l'appartement que maman occupe aujourd'hui encore. L'école Albert-Schweitzer me compte dès mon plus jeune âge parmi ses élèves. Plutôt bon dans l'ensemble.

Quelles merveilleuses années que celles passées en face de chez nous ! Il faut dire que j'ai d'excellents instituteurs. Certains inoubliables. M. Neuilly, Mme Pavy, Mme Lemoigne... De la maternelle à l'école primaire, je tombe chaque fois sur des passionnés. Des gens qui savent donner le goût d'apprendre.

C'est là, à l'école primaire, que commence ma vie d'artiste. Un peu de commedia dell'arte, de théâtre, de danse médiévale, de chant, de musique... On touche à tout, pour mon plus grand bonheur. Et c'est sûrement de là que m'est venu le goût de la musique et du spectacle.

Le soir, après l'école, je passe le plus clair de mon temps à jouer avec Laurent, un ami qui habite à cent mètres de la maison. On reste des heures à la console vidéo. Avec Laurent, nous sommes presque des pros.

Maman part tôt le matin travailler et ne rentre pas avant sept heures le soir. Elle me confie la clé de la maison. Pour ne pas la perdre, elle l'attache à un lacet enfilé autour de mon cou. C'est rudimentaire mais efficace ! Je dois donc apprendre mes leçons et faire mes devoirs tout seul. Je m'y emploie plutôt bien, parce que je ne veux pas la décevoir. C'est ma fierté à moi.

Malgré ça, il ne faut pas croire que je sois un ange avec maman. Il m'arrive même souvent d'être dur avec elle, autoritaire, agressif. Méchant aussi, je crois. Est-ce l'absence d'un homme à la maison qui en est la cause ? Qui devinerait que ces sautes d'humeur cachent un petit garçon tout tendre qui s'émerveille de sentir son bol de lait chaud tous les matins avant de partir à l'école, ou à son retour de classe quand exceptionnellement elle ne travaille pas ? Je cache ma sensibilité exacerbée sous une dureté apparente que ma mère a bien du mérite à supporter.

Le soir, je ne me couche jamais très tôt et ne peux pas me passer de ma petite histoire. Comble de l'autoritarisme, j'oblige maman à rester dans ma chambre, lumière allumée, jusqu'à ce que je m'endorme.

Le week-end, c'est toujours la même chose. Le samedi, je m'ennuie. Je range ma collection de disques de Douchka et de Dorothée, m'invente des amis dans la chambre. C'est le jour le plus long de la semaine.

Le dimanche, c'est systématiquement le même programme. Je peux en énumérer par cœur le long détail : vers onze heures, boulangerie (un pain de deux livres, une brioche, quelques bonbons) ; onze heures quinze ou vingt, arrivée chez papy et mamy. Les aider à mettre la table. Au menu, pizza en entrée et poulet avec farce maison en bonus ! Toujours les mêmes places, les mêmes heures, les mêmes verres de vin rouge.

C'est papy qui assure la cuisine. Mamy, elle, le rejoint peu de temps avant le déjeuner en déambulateur pour cause de sclérose en plaques. Elle prépare la gamelle de Toutouf, le chien de la famille. Elle se déplace du salon à la cuisine pour les repas. C'est sa gym, en dehors des heures de kiné hebdomadaires. On sort assez vite de table.

L'après-midi, c'est Mac Gyver à la télé, et quelques jeux : les petits chevaux, et le cochon qui rit, qui très vite ne me fait plus rire mais semble toujours amuser papy. À partir de sept ou huit ans, j'essaie de trouver un peu d'intérêt à lire la presse locale, mais j'avoue que je trouve ça barbant. Je commence à collectionner les articles sur les gens connus. Je trie par ordre alphabétique tout ce qui concerne mes stars préférées. Je cherche à savoir où habitent les chanteurs et chanteuses en inspectant les articles de *Femme Actuelle, Télé 7 Jours, France Dimanche* et autres lectures familiales. Papy, pendant ce temps, se rince l'œil avec les filles dénudées du « Collaro Show », quelques dessins animés avec les sexy « Signé Cat's eyes ». Mamy en profite pour faire la sieste. Le rituel du dimanche touche à sa fin avec le visage d'Anne Sinclair, et son « 7/7 ». C'est l'heure du souper – potage de rigueur – et de quelques éclats de rire grâce à Benny Hill. Fin d'un long dimanche. Je m'endors sur le canapé de cuir marron à l'angle du salon.

À la maison, maman écoute assez peu de musique et préfère la radio. Elle a quand même une petite collection de trente-trois tours et quelques cassettes : Julien Clerc, Cat Stevens, Serge Lama, Pierre Bachelet, Michel Berger. Chez mes grands-parents, c'est plutôt Yves Montand, Pierre Perret...

Moi, je me nourris, comme la plupart des mômes de l'époque, des shows légendaires que nous offrent Dorothée et son équipe. Jacky, Corbier, Patrick et les autres sont devenus mes amis. J'adore leurs émissions et j'attends les plateaux du mercredi avec impatience. Je rêve en les entendant parler des concerts qu'ils donnent à travers la France, même si je sais bien que nous n'avons pas assez d'argent pour nous y rendre. Assis sur mon bout de canapé, je les imagine, et m'évade dans un monde de lumières, de musiques, et d'artistes...

Ma soirée annuelle préférée, c'est celle des Victoires de la musique. Souvent, maman et moi la regardons ensemble. Voir tous ces trophées remis aux artistes de l'année nous rend bêtement heureux. Ah! les larmes de Vanessa Paradis, l'émotion perceptible, le respect qu'impose le talent. Moi, en secret, j'ai l'irrésistible envie de me télé-transporter dans cette salle, de voir de près tous ces artistes. De les applaudir, de les côtoyer... Et de leur annoncer que moi aussi, un jour, je me ferai une petite place à leurs côtés. Je le dis d'ailleurs, un soir, à maman.

— Tu verras, moi aussi, je serai chanteur.

Elle me serre très fort contre elle en souriant, en guise de réponse.

Les autres enfants rêvent de devenir pompiers ou vétérinaires. Moi, je rêve de guitares, de micros, de lumières rouges, jaunes, bleues... J'ai l'intime conviction que je suis fait pour ça et que plus tard je serai chanteur de variétés. Alors, en attendant, je me travestis : je me maquille, emprunte quelques habits « has been » à maman, mets le dernier trente-trois tours de Dorothée, et je fais le show. Souvent pour moi tout seul. Parfois pour mon public... Enfin, maman, Brigitte et une ou deux fois papy.... Bon, d'accord, je sens bien que ça les ennuie au bout de deux chansons. Mais maman est complice : elle m'a fabriqué mon premier micro à l'aide d'un gros tube de médicaments, d'un bout de scotch noir et rouge et d'un fil de laine ! Armé de cet accessoire professionnel, je m'y vois déjà ! Quel plaisir de chanter, de me lâcher. Je suis alors déjà un peu séducteur mais vraiment timide.

La timidité : un vrai handicap pour moi. À l'époque, je ne suis même pas capable de passer mes appels téléphoniques tout seul. Le téléphone me tétanise. S'il sonne, je décroche et pose le combiné en appelant maman à la rescousse ! Je suis bien loin d'être prêt à affronter la scène et un vrai public.

Sur mon balcon, au deuxième étage, le micro à la main, je me sens bien. J'ai fait miens les succès du moment, et l'air consterné de quelques passants n'y change rien. Peu importe que mon synthé Yamaha ne soit même pas branché. Je suis dans mon rêve, et le reste ne compte guère.

C'est comme ça que je me sens le mieux. Ailleurs. La tête dans les nuages. Et c'est peut-être de là aussi que me vient ma deuxième passion : la montgolfière. J'aime ces énormes choses qui flottent dans le ciel. Ces nacelles et ces toiles si lourdes, si immenses, et qui évoluent, presque comme par magie, dans les nuages. Ça a commencé à l'école, avec un concours organisé pour faire un baptême de l'air. Et j'ai gagné. Heureux de savoir que mon ami Julien avait lui aussi été chanceux et que nous allions pouvoir partager une aventure commune dans les airs.

C'est un souvenir inoubliable, et qui a pu se répéter grâce à la complicité d'aérostiers compréhensifs. Cette sensation d'évasion que je ne retrouve dans la vie que lorsque je monte sur scène. Pendant longtemps, je me suis juré que moi aussi, un jour, je serais propriétaire de mon ballon.

Des premières années paisibles, avec des rires, des pleurs, des joies et des espoirs. Banales, somme toute. Jusqu'au jour où un adulte viendra casser mon enfance.

Casting

Au fil du temps, mes goûts musicaux se sont forgés. La Dorothée de mon enfance a peu à peu cédé la place. J'ai découvert les beaux textes, l'émotion et l'authenticité que les grands interprètes savent transmettre. Ma fascination pour les paillettes n'a pas totalement disparu, mais j'ai appris à connaître et à aimer des artistes de l'ombre, des auteurs et des compositeurs de talent. Souchon, Renaud, Nougaro... les grandes signatures de la chanson française sont devenues mes références, et les jeunes talents qui leur emboîtent le pas, des modèles. Autant dire que « Star Academy », ce n'est vraiment pas ma tasse de thé. D'ailleurs, qui pourrait penser qu'un jour je vais me retrouver dans ce château truffé de caméras, et me dévoiler pendant des semaines devant la France entière ? Peut-être certains de mes amis, qui me conseillent : « Postule, t'as rien à perdre ! », et qui sans doute s'amusent déjà à l'idée de me voir à la télé en rentrant du boulot. De mon côté, la question ne se pose pas : c'est non. Un non catégorique et sans appel. Et je ne manque pas d'arguments. Je reprends à mon compte des phrases déjà entendues dans la bouche de certains artistes qui pensent que ces « petits jeunes venus de nulle part » sont en train de voler la place aux « vrais talents ». Tout comme eux, j'assure à ceux qui me posent la question que je ne vendrai pas mon âme au diable. Quand on connaît la suite, c'est vrai qu'on peut trouver tout ça un peu ridicule...

On est en mai 2004. Appel sur mon Nokia 3100, mon cher téléphone portable, celui-là même qui va tant me manquer dans quelques semaines :

— Bonjour, c'est la production de l'émission « Star Academy », on aimerait que vous passiez le casting pour la prochaine saison...

— Euh, c'est une blague ?

— Non, non, je vous assure.

— Franchement, ça ne m'intéresse pas du tout. Je suis désolé...

Et je raccroche, perplexe. Plaisanterie ou pas ? Tout cela a été si direct, si inattendu. Il y a bien eu ce concert au Réservoir, à Paris, quelques semaines plus tôt. Je sais qu'Alexia Laroche-Joubert, la directrice des programmes d'Endemol, société productrice de Star Ac, était dans la salle avec quelques personnes de son équipe. Mais de là à imaginer cet appel... Jusqu'à la semaine suivante, j'oublie. Ce soir-là, un jeudi, je viens d'aller chercher Anne-Lise, ma fiancée, à la gare Montparnasse. Nous allons passer ensemble ce beau week-end de printemps et profiter un peu de Paris. Le téléphone sonne de nouveau. Au bout du fil, cette fois, Alexia Laroche-Joubert elle-même. La première directrice du château renouvelle la proposition. Elle m'explique qu'il faut compléter le casting, qu'il manque encore des candidats pour la prochaine saison. Je tombe un peu des nues, essaie de plaisanter, mais elle insiste. Je sens de la conviction dans ses propos. Je ne sais que penser, que dire, mais pour la première fois je me pose vraiment la question, et raccroche en lui promettant une réponse pour la semaine suivante.

Pendant tout le week-end, je tourne et retourne l'idée dans ma tête. Ce n'est pas un petit challenge. C'est aussi un peu une « révolution culturelle » pour moi. Quand je m'implique dans une aventure, je sais que j'aime aller au bout. Mais ai-je réellement envie de cette aventure-là ? J'appelle Serge, mon manager, Éliane, ma maman, Nicolas, un de mes musiciens. Et bien sûr j'en discute avec ma chérie. Tous trouvent que c'est une bonne idée, qu'il y a quelque chose à tenter. Tous, à l'exception d'Anne-Lise. Comme les autres, elle est convaincue que, si je fais le casting, je serai pris pour l'émission. Et elle ne s'y voit pas du tout. Être séparés plusieurs semaines, plusieurs mois, ne l'enchante pas. La seule idée de postuler lui fait peur. Tension...

Pourtant, à bien y réfléchir, c'est une vraie chance pour moi. Mon premier album n'a rien donné. Les bandes dorment chez moi. J'ai vingt-quatre ans, soif d'avancer, et il faut bien reconnaître que, sans médiatisation, je n'ai que peu de chances de pouvoir poursuivre mon rêve. Yan-Philippe Blanc, le PDG de Warner Music, me le disait souvent : « Il faut que les gens connaissent ta tronche ! T'es sympa, intelligent, rigolo. Si le public te voit, on a gagné. » Le destin est bizarre. Yan est parti un triste soir de juillet 2003, et c'est Alexia, sa jolie Alexia, celle qui partageait sa vie au quotidien, qui m'appelle et me propose de me faire entrer dans le petit écran. Je décide de la rappeler, et de tenter le tout pour le tout. Oui, j'accepte le défi. Je suis prêt à participer à l'émission.

Parce qu'on est venu me chercher, on dira dans la presse que j'ai bénéficié de passe-droits. La seule

« faveur » qui m'ait été consentie, c'est d'enregistrer ma vidéo de démo dans un vrai studio, le 103, à La Plaine-Saint-Denis. Ça aura été le cas pour la plupart des candidats issus du casting sauvage. C'est ainsi que l'on appelle le casting de rue, qui consiste à aller chercher des candidats qui ne se sont pas présentés spontanément. C'est au 103 que je fais la connaissance de Clément, de Julien, et de la responsable de la sélection, Stéphanie. J'ai droit à un interrogatoire en règle. Les questions fusent sur mon parcours, ce que j'aime, ce que je déteste. Surtout ce que je déteste. Et puis on parle aussi de mon aptitude à vivre en communauté. Je n'en ai qu'une idée très vague, je n'ai jamais vécu en communauté. Suivent quelques questions sur mon style de filles. J'ai l'impression de me mettre à nu, mais je joue le jeu, et finalement me livre beaucoup à ces trois inconnus. Lorsqu'ils me proposent de jouer un morceau de guitare, je m'exécute bien volontiers. Ils m'observent, me scrutent, semblent analyser mes moindres gestes. Visiblement ils s'amusent, et je pense que c'est bon signe. Moi aussi, je dois bien avouer que je m'amuse, et que je me pique au jeu. Lorsque tout cela est fini, je me retrouve au volant de ma voiture à repasser mentalement chacun des moments que je viens de vivre. J'essaie d'analyser ce qu'ils ont pu ressentir, comment ils m'ont évalué. Je me sens très différent des académyciens des années passées, et finalement je me dis que je ne suis pas assez dans le moule, et que j'ai peu de chances. Je ne suis plus certain non plus de vouloir m'exposer avec tant d'impudeur. De toute façon, qui me dit que j'aurai des nouvelles, et que ma cassette ne sera pas jetée aux oubliettes avec des milliers d'autres ? En fait, tout le monde me le dit. Autour de moi, tout le monde y croit. Tout le monde, sauf moi.

C'est à la fin du mois que j'apprends la nouvelle : je dois me rendre disponible la semaine suivante, le 1er juin. Je suis sélectionné pour la demi-finale du casting, qui aura lieu à TF1, dans la tour de Boulogne.

La pression et l'esprit de compétition sont perceptibles : « Soyez à l'heure, me dit expressément la demoiselle au téléphone, on ne vous attendra pas. » La jolie voix me débite une liste de choses à préparer : une chanson, une fable, des affaires de danse, aussi. Et m'annonce que le jury me demandera peut-être d'improviser une chorégraphie. Une chorégraphie... Je raccroche, désemparé, en me disant que je n'ai rien à faire dans tout ça. L'idée me soûle déjà. Je réfléchis, je rumine un peu. Et puis l'esprit de compétition reprend le dessus. J'ai accepté, j'irai. Je ne me dégonflerai pas.

Neuf heures, l'heure convenue. Je suis encore dans ma voiture, coincé dans les embouteillages. Le stress monte. Je maudis Paris, son périphérique, cette camionnette qui me grille la politesse, cet automobiliste avec son téléphone qui roule au ralenti. Je distribue quelques noms d'oiseaux, regarde ma montre de nouveau. Je n'ai pas eu le temps de connaître le stress des examens. J'imagine un peu mieux maintenant ce qu'on doit ressentir. Une bonne vingtaine de minutes plus tard, j'aperçois enfin l'entrée principale de TF1. Devant l'immeuble, une longue file d'une bonne centaine de jeunes candidats apprentis chanteurs. Mon premier vrai grand casting. Comme ceux que j'ai imaginés, comme les images qu'on en montre à la télé. J'ai la trouille. Je suis terrifié à l'idée de me retrouver au milieu de ces inconnus. De mélanger ma peur à leurs peurs, mon espoir à leurs espoirs. Je trouve une place pour me garer, me perds un peu dans le quartier, puis finis par prendre ma place dans la file d'attente. L'appel a déjà commencé. Ce sont les filles en premier. Rien à craindre donc, mon retard n'a pas été remarqué. Je me retrouve avec mes angoisses d'enfant, tremblant comme à l'école parce que je ne suis pas à l'heure. Dans quoi donc me suis-je embarqué ?

Mon nom est tellement mal prononcé et déformé que je ne me rends pas compte qu'on m'appelle. Peut-être suis-je plus occupé à observer ceux qui seront certainement sélectionnés pour la prochaine émission. Il y a là des Alicia Keys, des Pascal Obispo, des Bob Marley... Des clones qui rêvent de gagner à leur tour un peu de lumière. Assez peu de personnalités et de gens simples.

Les hôtesses visitent mon sac et confisquent mon portable. On me dirige ensuite vers un vaste espace visiblement destiné aux pauses-café des salariés de la chaîne. Tout ce que je déteste est résumé dans ce moment-là : ces fameuses ambiances faussement détendues où tout le monde sympathise, discute, se fait la bise. Où il faut se montrer, exister, jouer son rôle. Certains parlent fort, rient fort. D'autres parlent d'eux, rien que d'eux. Il y a l'extravertie, avec son look hallucinant et sa voix perçante, ce grand brun avec du gel dans les cheveux qui vous dévisage d'un air dédaigneux, puis qui prend sa guitare et entame un classique de Pascal Obispo. Ambiance feu de camp sur la plage. J'ai envie de m'enfuir, de disparaître. Je ne sais où me mettre. Je me sens terriblement seul. Et immensément trop grand. Il y a des moments où il doit être agréable d'être tout petit. Je cherche un regard, quelqu'un à qui me raccrocher, quelqu'un d'un peu différent, ou d'un peu solitaire. Il y a ce mec à côté, qui joue doucement, guitare sur les genoux. C'est un titre de sa composition. Un type normal a priori, qui n'a pas l'air beaucoup plus à l'aise que moi.

J'ose m'adresser à lui, un peu désemparé. Il s'appelle Sébastien, il vient de Mâcon. Il est un peu plus jeune que moi. Ce matin, nous avons au moins un point commun : nous nous demandons ce qui a bien pu nous pousser à monter à la capitale pour nous mesurer à ces futurs artistes, au vibrato identique. Nous sympathisons. Impossible pour lui comme pour moi de nous imaginer trois mois plus tard à Dammarie-les-Lys. Impossible. La pression redescend d'un cran.

Au programme ce matin, chanter devant un jury dont les noms ne nous disent pas grand-chose, mais qu'on imagine un peu connus quand même. Au moins dans le métier. Parmi la liste proposée, *Le coup de soleil* de Richard Cocciante est la seule chanson qui me convienne au niveau tessiture. Le jury est en face, plongé dans la pénombre. Je sais qu'il est sans pitié. À l'entrée de la salle d'audition, j'entends les vannes qui fusent sur le candidat précédent. Pas très encourageant. Cette fois, c'est à moi. Une nouvelle fois, on écorche mon nom. Ça m'énerve, et je les reprends. Un point pour moi ! Je me place face au micro. J'imagine leurs regards. J'annonce le titre de ma chanson, tout en priant pour que ma voix ne tremble pas trop. Enfin, je me lance.

Un désastre ! Aux deux tiers du titre je m'arrête. On n'entend rien dans les retours. C'est incroyable qu'on nous fasse chanter dans ces conditions. Je suis furieux. Je n'ai rien à perdre, je préfère le dire. Comme si ça ne suffisait pas, j'ajoute que le micro est pourri. Côté jury, pas de commentaire. Une voix s'élève pour me demander si je parle anglais et si je sais danser. Mes réponses : non... et non ! Ce sont mes deux points faibles, je ne peux pas leur mentir. Surtout s'ils décident de vérifier sur-le-champ. Aucune réaction. Ce casting n'est décidément qu'un enchaînement de catastrophes. C'est Pascal Nègre, le président d'Universal Music, déjà présent à cette première étape du casting, qui reprend la parole. Il me demande d'attraper ma guitare et de chanter autre chose. Je n'ai rien préparé. Si je fais n'importe quoi, je me ridiculise. Je refuse. De toute façon, je sais que c'est mort. Le jury se parle à voix basse. Ça tousse dans les rangs. J'aurais peut-être dû réfléchir à deux fois. Un apprenti chanteur répond-il par la négative au P-DG d'Universal Music qui lui demande de chanter un titre ? Je me fais une raison : mon petit Mathieu, tu viens de faire une belle connerie. Non seulement tu ne feras pas « Star Ac », mais pas la peine d'aller frapper un jour à la porte de cette maison de disques. Mon mauvais caractère me perdra.

Ce que je ne peux pas imaginer, c'est qu'en me comportant ainsi je viens précisément de gagner mon billet pour l'étape suivante. La production recherche des personnalités. Mon refus de chanter et mes remarques diverses viennent de me valoir l'étiquette de « rebelle ». Rien de mieux pour poursuivre l'aventure.

Derrière mon micro, mon calvaire se termine. Encore une question avant de sortir :

— Pourquoi avez-vous postulé au casting de la prochaine saison ?

Alors là, je n'y avais pas pensé. Quelques secondes de silence, et je lâche :

— Parce qu'on me l'a demandé !

C'était la vérité.

Au suivant...

Pendant la pause déjeuner, j'aperçois Alexia. J'en profite pour la coincer et lui dire que je préfère arrêter là et rentrer tout de suite, tellement je me demande ce que je fais ici. Elle répond qu'elle et les autres ont bien ri.

— Reste, me dit-elle. Tu n'as rien à perdre. Il y a eu plus brillant, mais tu as de la personnalité. Termine au moins la journée.

Puis elle disparaît. Je reste.

Si j'avais su ! La deuxième partie de la journée sera sans doute l'après-midi le plus difficile de ma vie. Le comble du ridicule. Nous quittons TF1 pour une école de danse dans Paris. Je me retrouve, blême, à côté de la maman d'une jeune candidate. Sa fille étant mineure, elle a dû l'accompagner. Nous discutons de choses et d'autres, et ce contact chaleureux me fait un peu oublier mon stress. Nous parlons du parcours de sa fille, du mien. Elle perçoit mon malaise et me dit très gentiment que ce serait bien que quelqu'un comme moi fasse l'émission. Cette femme charmante s'appelle Françoise. Je la verrai plus tard sur le plateau puisque c'est la maman de Lucie.

Cet après-midi, il s'agit donc de danser. De montrer à Kamel Ouali et aux deux jeunes femmes de sa troupe ce qu'on sait faire. Ou plutôt, en ce qui me concerne, ce que je ne sais pas faire. Nous avons une demi-heure pour apprendre une chorégraphie. Il est trop tard pour faire demi-tour, me voilà donc changé, et prêt pour le grand saut. Comme toujours dans ces cas-là, il y a deux groupes. Ceux qui savent, et sont devant. Ceux-là se débrouillent très bien. Et ceux qui ne savent pas, et restent le plus loin possible derrière, tout au fond. Ils n'ont qu'une envie : qu'on les oublie ! Je me situe dans ce second groupe, évidemment.

David Guetta, dans le lecteur CD, doit se désespérer : son talent et son sens du rythme n'ont aucune influence sur mon mètre quatre-vingt-treize. J'ai beau me tenir tout au fond, le plus loin possible, une seule tête dépasse au milieu de la cinquantaine de postulants : la mienne. C'est pareil en boîte. Je n'ai jamais dansé, gravement complexé par ma taille de géant. Je vois Sébastien, et ne le lâche plus d'une semelle. Nous nous retrouvons tous les deux très vite en sueur, déprimés, priant pour que le supplice s'arrête.

Lorsque passe notre groupe, Kamel et ses danseuses sont assez charitables pour ne faire aucun commentaire. Pas besoin. Il n'y a qu'à regarder leurs visages, et cet air dépité devant notre prestation ridicule.

Le car nous redépose à la tour de verre. Je suis exténué. Un peu en raison de la choré. Beaucoup en raison de la tension accumulée. Pour moi, la cause est entendue. Bye-bye le casting, le château, Nikos, les cours, les nouveaux horizons. Et puis tant pis. Je me console en pensant à tous les projets que j'ai dans la tête, me résignant à mener une carrière dans l'ombre d'artistes que j'aime et qui me le rendent bien. Je partirai en tournée cet été avec Marie Myriam. Mon avenir proche ne m'angoisse pas. J'ai toujours travaillé et m'en suis toujours sorti. Avec cette tournée, j'aurai suffisamment de cachets pour pouvoir conserver mon statut d'intermittent. En rentrant, j'appelle mes proches et leur raconte ce casting catastrophe.

Je ne sais pas pourquoi, j'ai l'impression que, malgré ce que je leur dis, ils continuent d'y croire. Allez comprendre.

De nouvelles journées s'écoulent et une fois encore je me détache peu à peu de l'aventure Star Academy. Je suis en studio, en train de travailler avec Marie sur ses nouvelles chansons, lorsque le téléphone vibre dans ma poche : contre toute attente, ma prestation a séduit le jury, qui me convoque de nouveau, pour la dernière sélection, le lundi suivant. La voix au bout du fil me prévient : « C'est la dernière ligne droite, ce sera difficile. »

Je le comprends d'ailleurs au premier coup d'œil, ce lundi 7 juin, lorsque je découvre la composition du jury.

Face à moi, l'ensemble des dirigeants de TF1, les « boss » d'Endemol, la société de production de l'émission, Nathalie André, Gérard Louvin, Kamel Ouali... Un parterre impressionnant. Côté candidats, il y a moins de monde que la dernière fois, mais je retrouve l'ambiance de la semaine passée. À quelques nuances près : plus de connaissances bien sûr, plus de talent, moins de tape-à-l'œil. Sébastien est toujours là, et nous sommes aussi surpris l'un que l'autre de nous voir. Je lie connaissance avec trois filles. Je ne sais si c'est du nez ou le hasard, elles s'appellent Émilie, Sandy et Karima. Et je croise à nouveau Lucie et sa maman, et quelques têtes déjà aperçues la fois précédente. Nous sommes peut-être quatre-vingts, ou cent. Histoire de faire monter la pression, on n'arrête pas de nous rappeler que seize ou dix-huit seulement d'entre nous participeront à la nouvelle saison, la « saison 4 » comme on l'appelle ici.

Cette fois-ci, il a fallu apprendre par cœur une fable de La Fontaine, une chanson de Gérald de Palmas, et revoir la terrible chorégraphie apprise la dernière fois. J'espère qu'à travers les vitres mes voisins d'en face ne m'ont pas vu répéter dans mon petit salon les quelques mouvements que j'ai réussi à mémoriser.

Mauvaise nouvelle pour l'impatient que je suis, j'apprends que, aujourd'hui, les provinciaux passeront les premiers. J'essaie bien de faire jouer mes origines normandes, d'expliquer que j'ai un pied-à-terre à Paris mais que je dois rentrer tout à l'heure à Saint-Lô, les hôtesses ne veulent rien savoir. Je ronchonne dans mon coin et me demande une nouvelle fois pourquoi je me suis embarqué dans cette galère. Tout en m'avouant secrètement que je ne suis pas mécontent de me retrouver là finalement, et d'avoir réussi à séduire le premier jury. Mais qu'en sera-t-il du second ?

J'ai soigneusement préparé mon entrée en scène. Pour surprendre le jury, j'ai décidé de m'adresser à lui par écrit. Une phrase pour chacun des membres, écrite en gros sur une feuille de papier blanc. À Nathalie André je demande d'esquisser un sourire, à Gérard Louvin j'adresse des félicitations ironiques pour le livre qu'il vient de publier. Je cire cyniquement les pompes de Pascal Nègre, et défie Kamel de danser un jour aussi bien que moi. Ma petite mise en scène semble faire son effet. Ça rigole plutôt dans les rangs. Cette fois-ci, la chanson est bien chantée. La fable de La Fontaine est récitée correctement, et sans trou de mémoire s'il vous plaît. La danse... Je n'ai jamais pu enchaîner deux pas !

Je ressors fracassé, nerveusement à vif. Ça s'est globalement bien passé, mais je l'ai quand même vécu comme une épreuve. Il y a eu l'attente, très longue, puis tous ces regards de professionnels posés sur moi. Cette impression d'être à nu. Ce soir, à part ma fiancée, je n'appelle personne. Je n'ai pas envie qu'on me dise que tout doit être génial. J'ai envie d'être seul, de ne plus y penser. Et je me rends bien compte aussi que je me mets à y croire un peu. Arrivé à ce stade de la compétition, je dois bien m'avouer que je me sens pris au jeu, et que je commence à me dire que, finalement, ce type d'aventure me tente. Je sais aussi que je n'aurai plus aucune nouvelle de personne pendant un mois et demi, et que l'attente sera longue, très longue.

Je passe l'été sur les routes, partagé entre la tournée de Marie Myriam, la Normandie, et des périodes de repos en Vendée chez mes amis Franck et Céline. Avec Marie, à l'hôtel, après les concerts, nous parlons souvent de Star Ac. Marie, elle, a la chance de monter sur scène chaque soir. J'admire son talent, sa voix, sa carrière, cette popularité qui est la sienne.

Les semaines s'écoulent et de temps en temps, au fil des rencontres, je parle de mon projet avec ceux et celles que je rencontre. J'essaie de savoir ce qu'en pensent les autres, comment ils perçoivent Star Ac.

C'est à Coutances, dans ma Manche natale, que le téléphone s'est enfin décidé à sonner. Je pensais à mes projets de rentrée, à cette compilation et ce nouvel album que Nicolas Peyrac et moi étions en train de préparer. Aux quelques dates qu'il nous restait avec Marie. Je me souviens de ce jour-là, c'était le 24 août.

— Bonjour, c'est Emmanuelle de Star Academy.

— Alors, vous allez me dire enfin si je suis pris ?

— Non, pas encore. Tu es dans les trente candidats sélectionnés. Cette année, dans le château, il y aura seize ou dix-huit élèves. Mais nous allons tourner un portrait sur les trente derniers, pour le premier prime. On t'envoie une équipe de journalistes le week-end prochain, c'est O.K. ?

Bien sûr que c'est O.K. Même s'il me reste encore près de cinquante pour cent de chances de ne pas être de l'aventure, je me sens vraiment tout près du but. C'est ainsi que, quelques jours plus tard, je vois débarquer trois sympathiques Parisiens, avec l'envie de s'investir et de réaliser un beau sujet. Ce premier contact avec une équipe de l'émission est très rassurant. Alexandra, la journaliste, est originaire de la région. L'occasion de choisir ensemble les endroits les plus jolis pour tourner. Destination la côte, puis la campagne. Marie et Jacky, deux amis de maman, ont accepté de recevoir tout ce petit monde dans leur maison, un peu inquiets, eux qui vivent dans un autre temps, boivent l'eau du puits et s'alimentent en électricité avec des panneaux solaires. J'aime leur cadre de vie. Le soleil brille ce jour-là. Il faut se confier, parler de la vie que j'ai menée jusque-là, jouer un peu de guitare. J'entends maman qui se livre à son tour à la caméra. Ce qu'elle dit me touche. Je pleure. Je pleure parce qu'elle a ce don extraordinaire de toujours trouver le mot juste. Elle parle de cette rage de réussir que j'ai toujours eue, de cette envie tenace qui ne me lâche jamais. De mon amour pour la musique, pour les beaux textes. Des galères vécues et surmontées, toujours à deux. Elle parle comme une mère parle de son fils, avec amour. La caméra tourne. Ces images serviront-elles ? Je trouve étrange et terriblement frustrant de me dire que peut-être je ne serai pas dans les derniers sélectionnés. Que peut-être nous faisons tout ça pour rien.

Lundi 30 août, nous sommes cinq jours avant le premier prime. Sur mon portable, il y a un message. C'est Emmanuelle. Elle doit me parler en urgence. C'est très important. Je ne sais que penser. Je voudrais y croire, mais j'ai la quasi-certitude que dans quelques minutes j'aurai une grosse déception. Alors je retarde le moment. Finalement, une heure plus tard, c'est elle qui me rappelle. Je retiens mon souffle.

— Mathieu, t'es assis ? Tu es dans les dix-huit candidats. Tu entres au château vendredi.

L'Afrique

J'aime les défis. Me mesurer aux autres m'excite. Ce n'est pas tant l'esprit de compétition que le désir de convaincre. Convaincre les autres, et me rassurer moi.

Autour de mes dix ans, c'est mon époque *Journal de Mickey*. Une fois par semaine, ma mère rentre des courses avec le dernier numéro, et dans ma chambre s'empile une collection impressionnante des aventures de mes héros préférés. Je sais tout d'eux, ils partagent tout de ma vie.

On est en mars 1991. Je me souviens encore de cette une qui a attiré mon regard, et allumé en moi la flamme des grands explorateurs. « À l'occasion de leur 20e anniversaire, deviens reporter pour Médecins sans frontières. » Je dévore l'exposé dans les pages du journal. Ce concours est pour moi. Le défi est à la hauteur de mes dix ans, de ma soif d'autre chose, de pari, de challenge. Je m'imagine déjà, mi-Tintin, mi-Schweitzer, à la découverte de la brousse, des animaux sauvages, et de ces populations dont je ne sais pas grand-chose si ce n'est qu'elles sont essentiellement différentes du Saint-Lois moyen. Gagner, c'est partir à la découverte de l'Afrique. Voyager, explorer, rêver... Je dois gagner.

Si l'objectif est ambitieux, la tâche s'annonce rude: il s'agit pour participer de réaliser un dossier sur les besoins de l'Afrique, d'organiser à l'école une conférence avec un médecin, et de monter une expo d'affiches présentant l'association Médecins sans frontières. Rien que ça.

Exalté par l'idée, tout excité par l'évidence de mon succès, je décide de convaincre maman de me laisser me jeter dans l'aventure. Je crois avoir toujours eu l'enthousiasme communicatif. C'est sans doute l'une de mes forces. Y croire suffisamment fort pour entraîner les autres dans mes projets. Rendre à leurs yeux mes idées séduisantes. Est-ce par conviction ou par simple générosité, mes proches ont souvent répondu présents lorsque je les ai sollicités. Et c'est sans doute par peur de ne pas être à la hauteur que j'ai réussi à me dépasser.

Maman, donc, décide de me suivre. Elle est même plutôt acquise à la cause : partir dix jours avec une association humanitaire, cela va bien avec ses convictions. Elle-même y a déjà songé. Quelques années plus tard, elle s'engagera pour l'Afrique, et mettra ses compétences d'infirmière au service des pays pauvres. Des causes humaines, comme elle dit. C'est donc sans trop s'inquiéter – peut-être sans trop y croire – qu'elle m'aide à réunir les pièces utiles au bon déroulement des opérations. Il faut demander les règles du concours, récupérer la documentation, se procurer les affiches, écrire, rencontrer, convaincre encore...

Je trouve une deuxième alliée en la personne de Mme Lemoigne, mon institutrice de CM2. Je la remercie d'avoir su soutenir et encourager ce projet, il est vrai en accord avec les principes pédagogiques de l'école publique. L'implication personnelle dans un projet à dimension humanitaire va bien dans le sens des valeurs qu'elle souhaite nous inculquer. Je n'en ai alors pas vraiment conscience, mais éprouve une véritable fierté à être à l'origine de cette vaste entreprise à laquelle sont maintenant associés mes camarades de classe. Ensemble, nous redécorons les couloirs de l'école Jules-Verne aux couleurs de l'Afrique et de MSF.

Les grands m'ont suivi. Les petits aussi. Mickey peut être fier de moi. La balle est désormais dans le camp de mon copain aux grandes oreilles. J'attends son verdict.

Cela dure longtemps. Pendant des semaines, j'espère. Parfois, j'oublie un peu, parfois, je m'impatiente. Mais toujours, je veux y croire. Il ne peut pas en être autrement.

Je me souviens de ce coup de téléphone à la maison. Un peu déçu au départ puisque, au bout du fil, ce n'est pas Mickey. Certainement quelqu'un de la famille. On est en juin, les vacances sont proches.

— Bonjour Mathieu. Vous avez été soixante-cinq candidats à participer au concours de Médecins sans frontières, et nous avons choisi notre reporter... C'est toi.

C'est vrai, j'y ai toujours cru. Mais pourtant, à ce moment précis, je n'arrive pas à y croire. Le souffle coupé, je ne peux retenir mes larmes. C'est comme ça à chacun des grands moments de mon existence : je pleure !

La voix au bout du fil m'a également appris que c'est à deux pas de l'Afrique que l'avion m'emmènera, côté océan Indien : Madagascar. Maman, qui réalise vraiment que cette fois c'est pour de bon, s'est archi-documentée sur le pays. Il s'agit que son petit soit totalement « paré », et qu'elle sache précisément où il met les pieds... Elle va même jusqu'à préparer des fiches avec le nom des tribus, les besoins des habitants, leurs richesses... Au bout de quelques jours, nous sommes tous les deux incollables sur les populations malgaches, leurs modes de vie, leur pays. C'est à ce moment que j'apprends que finalement la destination a changé : c'est en Côte-d'Ivoire que j'atterrirai dans quelques semaines.

En 1991, la Côte-d'Ivoire accueille d'innombrables réfugiés venus du Liberia où la guerre fait rage. L'urgence de la situation semble pour les responsables de Médecins sans frontières se prêter parfaitement à la médiatisation de leur action. Il est vrai qu'il y a là matière à reportage. Mais, confrontés chaque jour à la détresse de milliers d'enfants, mesurent-ils vraiment à quel point un petit Français de onze ans n'est pas préparé à cette réalité-là ?

C'est le 28 août que l'aventure commence, à Paris. Pour le petit provincial que je suis, monter à la capitale, c'est déjà un peu se jeter dans l'inconnu. L'équipe de Médecins sans frontières nous attend au 8 de la rue Saint-Sabin, du côté de Bastille. Je suis impressionné par les immenses bureaux. J'ai le sentiment d'avoir embarqué à bord d'un gigantesque paquebot. C'est le responsable de la documentation jeunesse, Dominique Leguiller, qui nous accueille. Il y a beaucoup de monde partout, et le nouveau reporter du *Journal de Mickey* que je suis est bien intimidé. On me présente à toutes ces grandes personnes. Je fais la connaissance de Xavier Emmanuelli, le fondateur de l'association. Peu à peu, j'en apprends un peu plus sur ce que seront le voyage, les lieux, les gens.

Après MSF, un rendez-vous bien plus excitant encore nous attend : nous allons chez Mickey, au siège du journal. J'ai tellement hâte. Cela peut faire sourire, mais je suis assez convaincu que la souris aux grandes oreilles sera là pour m'accueillir. Et que peut-être, même, elle me félicitera d'être « son gagnant ». L'accueil qui m'attend est un peu différent. C'est Jeannine de Cardaillac, rédactrice du journal et organisatrice du concours, qui est là pour nous recevoir. Avec elle, nous visitons les lieux. L'atmosphère est détendue, mais studieuse. Ici le « monsieur jeux », là les dessinateurs, plus loin le responsable de la maquette et le rédacteur en chef. Difficile de croire que ces adultes sérieux sont ceux qui donnent vie à mes héros familiers.

Cet univers d'adultes m'impressionne. Et malgré leurs sourires, leur bienveillance, j'ai au ventre une boule qui ne fait que grossir quand approche l'heure de la séparation. Pourtant, j'ai tout fait pour vivre ça. J'ai rêvé de cette liberté. Mais qu'il est dur de lâcher la main de maman. Je repense sans trop de fierté à nos querelles fréquentes, à mon impatience continuelle à son égard. Je suis souvent dur avec elle. Peut-être faut-il des instants comme ceux-là pour que je comprenne à quel point elle est précieuse. Nous restons collés l'un à l'autre un long moment. Et puis maman s'en va. Au fond de moi il reste un vide énorme. Un vide de onze jours, une petite éternité qui crispe mon sourire et m'angoisse. Cette fois, plus moyen de reculer. L'aventure vient de commencer.

Quarante-huit heures plus tard, me voilà à l'aéroport pour la première fois de ma vie. En poche, un ordre de mission officiel estampillé MSF demande aux « autorités civiles et militaires de me faciliter la tâche tout au long de ma mission ». Les termes sonnent un peu graves, et mon accompagnateur, Carl, belge de naissance, va devoir me rassurer. Il sait trouver les mots, apaiser mes angoisses. Je me retrouve bien vite dans cet avion, comme un petit garçon émerveillé. Ici, tout est nouveau pour moi. Et ça n'est pas déplaisant d'être reporter pour *Le Journal de Mickey*. Le commandant de bord va jusqu'à m'ouvrir les portes de la cabine de pilotage. Les tableaux lumineux, le matériel de vol, tout m'impressionne.

Il est quatre heures du matin lorsque nous touchons le sol africain. Je suis exténué. Sylvain est la première personne que je rencontre ici. Il est administrateur à MSF, et, cette nuit, sa mission consiste à nous conduire *illico presto*... dans nos lits.

Le lendemain matin, enfin quelques heures plus tard, je découvre Abidjan, et les représentants de MSF sur place. Marie-Christine coordonne l'ensemble des équipes en Côte-d'Ivoire. Elle m'explique leur travail au quotidien. C'est le début du reportage. Je note consciencieusement chacune des infos qui me sont données. La femme qui est en face de moi me fait un peu penser à maman. Elle est très sérieuse dans son travail. Et très impliquée dans sa mission. Je comprends vite qu'ici l'objectif, ce n'est pas seulement d'apporter son aide. Avant tout, il s'agit de donner aux Ivoiriens les moyens de poursuivre eux-mêmes l'action de MSF. Mon interlocutrice est passionnante. Des mots reviennent souvent dans son vocabulaire : CEE, HCR. Je les note sans bien comprendre, et ce n'est que lorsque nous reprenons la route que Carl traduit pour moi : Communauté économique européenne, Haut-Commissariat pour les réfugiés. Ces termes barbares pour un enfant vont peu à peu entrer dans mon quotidien.

Nous avons pris place dans la Jeep rouge et blanche aux couleurs de MSF. C'est Célestin qui conduit. Il sourit tout le temps et passe son temps à raconter des blagues auxquelles je ne comprends rien. Je ris un peu pour lui faire plaisir. Je l'aime bien, Célestin, avec son incroyable accent africain, et sa conduite sportive. Notre chauffeur est aussi notre guide, et grâce à lui je découvre Abidjan. Je suis surpris de constater que le centre ressemble à celui de beaucoup d'autres villes : des immeubles, des banques, des supermarchés. Si toutes les villes ivoiriennes ressemblent à celle-ci, mon voyage sera finalement beaucoup moins exotique que je ne l'imaginais. En s'éloignant du centre, pourtant, apparaissent les premières cases et les petits marchés. C'est un domaine bruyant, riche en couleurs et en parfums.

Mais nous ne sommes pas là pour faire du tourisme. Le vrai travail nous attend à l'ouest de la capitale ivoirienne, près de la frontière avec le Liberia. Six heures de tape-cul, de pistes rouges, à travers des champs de bananiers, d'ananas. Cette fois, plus rien à voir avec mes paysages familiers. Le dépaysement est total. Je prends des notes, ne perds pas une image, une explication. Moins d'une journée de voyage et j'en sais déjà bien plus qu'en des semaines de cours de géographie.

C'est à Tabou, petit village en bord de mer, que je découvre les premiers réfugiés libériens. Premier choc pour le petit Européen que je suis. À l'intérieur des cases, pas de mobilier, seulement un unique banc. Les familles s'entassent à même le sol. C'est dehors qu'ils prennent leurs repas. Comme tous les enfants de mon âge, j'ai déjà vu cela à la télé. Mais là, c'est différent. Je ne suis plus seulement spectateur. Ils me regardent aussi. Que peuvent-ils penser de ce petit garçon blanc venu d'on ne sait où ? Tabou, c'est aussi mon premier dispensaire. On y soigne gratuitement et sans relâche. Ceux qui sont là sont malades, blessés. Le principal ennemi, c'est la malnutrition. Beaucoup ont quitté leur pays en laissant des parents, un enfant. D'autres ont perdu un proche. Je mesure leur détresse à la tristesse de leur regard. L'ambiance est pesante. La douleur, le désespoir sont partout. Insupportables. Je repense aux affiches collées dans les couloirs de l'école, à Saint-Lô, à cette expo prise comme un jeu. Je revois notre appartement, la cuisine de maman, les petits plats que j'avale en rechignant. Et ici ces enfants qui n'ont rien, qui me regardent, et qui sentent bien que je ne suis pas comme eux. Je ne suis responsable de rien. Et pourtant j'ai honte.

À une trentaine de minutes de piste d'ici se trouve le dispensaire de Djamadiouki. En Afrique, on ne parle pas en kilomètres, mais en temps qu'il faut pour rejoindre un endroit. Les paysages sont magnifiques. Je ne me lasse pas de ces kilomètres de rizières qui longent la route. Le dispensaire est un vaste bâtiment bleu aux peintures écaillées. Sur les murs, des panneaux rappellent les dangers de la rougeole, de la fièvre jaune, de la tuberculose. Les messages sont simples, efficaces, imagés. Ils s'adressent à une population le plus souvent illettrée. À l'intérieur, beaucoup de femmes en tenues locales chatoyantes. La plupart allaitent un enfant. Contre les épidémies, toutes ces maladies qui menacent d'abord les jeunes enfants, il n'y a qu'un seul remède : vacciner. J'ai envie moi aussi de me rendre utile, et de pouvoir, plus tard, aider à sauver toutes ces vies.

Je meurs de fatigue sous la chaleur écrasante. Décidément, tout ici est très différent de la Normandie. Nous repartons pour Abidjan. Demain, une autre destination nous attend. Sur le chemin du retour, Carl m'explique que si les réfugiés sont autant éparpillés, c'est que chacun veut tenter de retrouver son ethnie. Le peuple Kru du Liberia est accueilli par le peuple Kru de Côte-d'Ivoire. Les Guérés vont retrouver les Guérés, et il en est de même pour chaque groupe.

Le lendemain, direction Toulepleu. C'est à l'extrémité ouest de la Côte-d'Ivoire, tout près de la frontière du Liberia. Les réfugiés y sont plus nombreux. En arrivant, c'est un grand choc pour moi. Il y a des lits partout. Et les regards qui se tournent vers moi sont ceux d'enfants de mon âge. Jamais je n'oublierai ces yeux fiévreux qui me scrutent. Ces gamins ne se plaignent pas. Et pourtant ils manquent de tout. De vitamines, de protéines, d'affection... Paludisme, problèmes respiratoires, diarrhées, parasites, infections de peau, les maladies se côtoient et on soigne dans l'urgence. Souvent, un adulte accompagne l'enfant, l'air résigné. La maladie fait partie du quotidien. La mort aussi, je le sens. Pour un peu je m'en voudrais d'être si bien habillé et surtout en pleine forme. La gêne, l'émotion se lisent sur mon visage. « Ne t'inquiète pas, ils ont l'habitude », me dit-on. J'ai envie de me faire tout petit, de me soustraire aux regards. J'ai envie d'arrêter d'être inutile. Alors, sans trop y croire, je propose mon aide. Finalement, je vais me voir confier la distribution des médicaments. Devant le poste pharmacie tout proche, une impressionnante file d'attente s'est constituée. Je vais de l'un à l'autre, et remets, en suivant scrupuleusement l'ordonnance, de petits sachets en plastique refermant les médicaments. Un peu plus tard, une infirmière me rejoint. Il y a une demi-heure, elle était partie en urgence s'occuper d'un nourrisson mal en point. Totalement déshydraté, elle l'a mis sous perfusion, mais ne se fait aucune illusion quant à l'issue : « Il ne passera pas la nuit », me dit-elle. C'est ça aussi, l'Afrique.

Parmi les images fortes que je garde, il y a aussi cette école de village, à Pékan. Une école qui n'en porte que le nom. Pas de tables, peu de matériel, un tableau qui tient par miracle, juste quelques bancs. Ici, l'école n'est pas une priorité. Les enfants passent le plus clair de leur temps à la cueillette ou au ramassage des fruits qu'ils vendent sur le marché. Le soir, ils aident leurs parents à la maison, s'occupent d'un petit frère plus jeune. S'ils savaient qu'à Saint-Lô, en rentrant de l'école, je me plante devant la télé en attendant que le repas soit servi. Je suis surpris de voir que ce sont les élèves qui doivent s'acheter toutes leurs fournitures. Les prix ne me semblent pas très élevés, mais tout le monde est tellement pauvre. En sortant, je croise deux enfants qui jouent. Pas de ballons, pas de vêtements de marque, juste une voiture en fil de fer. Ils n'ont pas l'air malheureux. Ils sourient, ils jouent, ils rêvent. Enfin j'ai l'impression d'une vie normale, d'un peu de bonheur. Les enfants d'ici ne sont pas si différents de mes petits camarades normands. Ils n'ont seulement pas eu la chance de naître au bon endroit ou au bon moment. Mais échangeraient-ils leur vie contre la mienne ?

Considérant qu'il est temps de me divertir un peu, Carl décide de rentrer à Toulepleu, et de m'emmener chez l'une de ses connaissances. D'origine italienne, souriant, blagueur, c'est le curé du village. Blanc, et chauve comme il se doit. Autour de lui, c'est l'arche de Noé. Les poules côtoient les gazelles et les singes. Un paradis pour le môme que je suis. Pendant que les adultes font la conversation, je sympathise avec Doris. C'est une guenon apprivoisée. Elle m'intrigue, et je crois pouvoir assurer que c'est réciproque. Elle imite chacun de mes gestes, me caresse la joue, me serre contre elle. Une vraie copine, quoi ! Elle chahute, s'approprie tout ce qui dépasse des poches, tout ce qu'elle trouve. Je suis bien en Afrique, l'Afrique telle que je l'imaginais. Je prends des dizaines de photos. J'en aurai des choses à raconter en rentrant.

Avant de partir, une dernière bonne surprise m'attend. On me fait l'honneur de me laisser établir moi-même le contact radio avec les autres missions. Pour cela, je dispose d'un vieux poste, du genre talkie mégapuissant. Et je m'éclate, au grand bonheur des médecins répartis aux quatre coins du pays, visiblement heureux d'avoir de l'autre côté du récepteur un garçon en pleine santé : « C'est Mathieu à Toulepleu... Tango Alpha, Tango Alpha, vous me recevez ? » J'appelais ainsi l'équipe rencontrée à Tabou... Les deux premières lettres de la mission concernée... Et je rigolais en criant : « Et vous, Alpha Bravo, Alpha Bravo, vous nous recevez ? » Abidjan aussi était à l'écoute. J'ai adoré !

À Danané, un autre village, j'ai l'impression de connaître déjà les lieux. Il faut dire que les mêmes bâches bleues recouvrent la plupart des constructions. Nous sommes attendus à l'hôpital MSF. Adossé aux marches de l'entrée, un enfant aux yeux tristes nous regarde avancer. Il est squelettique. Je vois des traces de larmes sur ses joues. On pleure rarement ici. Carl m'explique qu'il est mal en point et que probablement il ne lui reste que peu de temps à vivre. Ça me fait peur. Je n'ose pas lui adresser la parole. Je n'ai jamais vraiment côtoyé la mort. Et lui, assis dans l'entrée, qui me regarde... Je passe à côté et lui glisse un bonjour. Je n'obtiens pas de réponse. Peut-être ne comprend-il pas ma langue. Les couloirs sont longs, sombres, peints en bleu. Un bleu qui restera pour moi le bleu Afrique. Un bleu que je ne retrouverai jamais ailleurs. J'avance seul dans les couloirs, un peu inquiet, un peu curieux.

L'envie d'ouvrir et de pousser des portes est plus forte que moi. Une première, j'ouvre, la pièce est vide. Une deuxième, cette fois il y a un enfant sur le lit. Il est allongé. Très pâle. Trop pâle pour n'être que malade. Je réalise que pour lui la vie s'est envolée. À onze ans, je n'ai jamais vu la mort. Je suis seul face à cet enfant. Je n'ai pas besoin de m'approcher. J'ai compris. Une dame pose sa main sur mon épaule. Elle me parle doucement, comme à un tout petit enfant. Elle me dit que le petit homme allongé là s'est endormi pour toujours. Ma gorge se serre. Les filles de la mission veulent m'expliquer. Elles m'apprennent que cet orphelin est mort d'une crise de paludisme. Je ne sais quelle fierté m'oblige à cacher mes larmes, à les dissimuler à Carl, mon compagnon de route, ami et protecteur. Elles s'écoulent en silence. J'ai le ventre noué. J'ai mal pour cet enfant sans parents qui vient de mourir seul dans sa détresse. J'ai mal pour cet autre, assis contre les marches, et qui attend son heure. Et je me sens furieusement vivant. Tellement heureux de l'être, d'être aimé, protégé, entouré. Chaque jour qui passe ici me prouve que la vie est injuste. Dans mon malheur, j'ai eu de la chance. C'est souvent ce que disent les gens, chez moi, en Normandie. J'ignorais à quel point ils ont raison.

Les dernières journées passent vite. L'Afrique m'envoûte peu à peu. Abidjan a changé de visage depuis mon arrivée. Le soleil a disparu. La ville est plus triste. Alors que nous nous préparons au départ, nous apprenons que l'avion qui doit nous ramener à Paris connaît un problème technique. Finalement, cette nuit supplémentaire sur place me fait plutôt plaisir. Le séjour m'a paru long, difficile parfois, mais, le départ approchant, toute angoisse semble avoir disparu. Je vais profiter au maximum de ces quelques heures supplémentaires. Maman va sûrement être déçue de ce retard. Je l'imagine pressée de me revoir. Cette séparation nous aura certainement fait du bien. Peut-être réussirons-nous à mieux nous comprendre, mieux communiquer. J'ai la sensation d'avoir changé, grandi. J'ai mûri aussi. Je sais que je serai moins difficile, moins impatient. On ne côtoie pas la misère, la mort, sans en sortir différent.

Dans le hall de l'aéroport, maman m'attend. La femme de Carl est là aussi, avec leurs enfants. Une vraie famille. Comme d'habitude, ma famille à moi, c'est maman. Une toute petite famille de deux personnes, mais si précieuse, si rassurante. On pleure, on s'embrasse. J'ai quelques cadeaux pour elle dans mon sac à dos. Je n'ai pas la patience d'attendre de regagner la vieille Fiat Panda pour les lui offrir.

Je suis revenu la tête en vrac. Les souvenirs, les émotions, les visages. Le retour à la maison ne peut pas les gommer. La distance les rend juste un peu plus flous. Ils font maintenant partie de mon histoire. J'ai rapporté de ce voyage deux cents photographies. Mon témoignage à moi de ce que des enfants de mon âge vivent au quotidien. De l'engagement d'hommes et de femmes pour les aider, leur apporter l'indispensable. J'ai fait mon travail de reporter. Aujourd'hui encore, des années plus tard, j'attends toujours que *Le Journal de Mickey* publie ce reportage. Pas l'occasion, pas le temps, pas l'intérêt. Ou une réalité trop crue, tellement éloignée du monde de Disney. Tout cela n'aura donc servi à rien. Enfin, pas à rien exactement puisque ces photos, ces diapositives, je les regarde souvent. Et puis je peux remercier mon copain Mickey de m'avoir appris l'essentiel : apprécier chaque instant. Et goûter à la vie.

À mon retour d'Afrique, j'apprends qu'il s'est passé des choses dans la famille. La maladie de mon grand-père s'est accélérée. Ce cancer qui le bouffe depuis des années gagne dangereusement du terrain. J'ai vu de près en Afrique la maladie et la mort. L'impuissance parfois à les faire reculer. Mais ici on est en France. Et je veux encore y croire. Je le retrouve heureux de voir son petit-fils en pleine santé. Soulagé aussi de l'avoir récupéré. Avant les autres, c'est à lui que je montre mes photos et mes diapositives. Et pour lui aussi, j'ai rapporté un petit cadeau. En échange, je reçois un baiser et un sourire. Il est fier de moi.

Le retour à Saint-Lô coïncide avec une nouvelle vie : l'entrée au collège, de nouveaux rythmes, de nouveaux camarades. Pourtant, l'aventure africaine ne peut pas s'arrêter ainsi. J'ai besoin d'en parler, d'échanger, de partager avec d'autres ces dix jours de mission passés aux côtés de gens formidables. J'ai besoin de leur dire ce que j'ai vu. Qu'ils comprennent aussi que je suis différent. On ne sort pas indemne de cette expérience. Je n'ai pas onze ans comme les autres. C'est pour leur montrer tout ça que, soutenu comme toujours par maman, je me retrouve un jour de décembre au premier étage de la toute nouvelle bibliothèque de Saint-Lô, entouré d'une cinquantaine de personnes, pour présenter mon périple.

J'ai revêtu pour l'occasion mon costume de reporter, tee-shirt MSF sur les épaules. Je conte mon voyage avec émotion et conviction, tout en projetant, avec comme assistante ma maman, les différentes étapes de mon périple. Je réussis à tenir en haleine mon public pendant une bonne heure. Déjà le goût de la scène... Je suis heureux, et fier.

Dans un coin de la salle, souriant et admiratif, se trouve mon grand-père. Amaigri et fragile, il a fait l'effort d'être là pour revivre avec moi ces dix jours sacrés, et voyager en images à mes côtés. Bientôt, il rejoindra les nuages à tout jamais.

Bienvenue au château

Star Academy ! L'ai-je vraiment rêvé ? Y ai-je vraiment cru ? Je revois l'enfant de onze ans que j'étais. Je ressens l'angoisse de la séparation avant mon périple africain. Je retrouve ce sentiment de vide et de solitude face à l'inconnu. Demain, j'entrerai au château. Je découvrirai un continent inconnu, peuplé de caméras et de micros espions, chargé de promesses et d'incertitudes.

Tout se bouscule dans ma tête. Je suis très heureux, et j'ai très peur. Et surtout je sais qu'il est trop tard pour reculer. C'est le moment d'y aller, de ne plus trop réfléchir. Emmanuelle m'annonce que dans quarante-huit heures chrono je dois être à Paris avec deux valises, pas une de plus, et que dès mercredi nous serons enfermés dans une chambre d'hôtel avec un accompagnateur. Tout s'accélère. Je ne pensais pas être « privé de liberté » aussi vite. Mais il faut préparer le premier prime, et on veut nous tenir « au secret », la liste des participants ne doit surtout pas être révélée avant l'heure du direct.

J'appelle ma mère, heureuse. J'appelle mon manager, heureux. Mes amis musiciens : surexcités ! Ma fiancée : désemparée, malheureuse, inquiète. Elle a peur, et je la comprends. J'essaie de lui dire qu'à l'intérieur ce sera plus dur pour moi encore. Elle pourra me voir tous les jours, savoir ce que je fais, comment je vais. Moi, je serai seul, isolé, sans nouvelles du monde extérieur, terriblement loin d'elle. Au-delà de la séparation, la médiatisation nous angoisse aussi. Combien de couples résistent à ce genre d'épreuve ? Nous faisons un pacte tous les deux, et décidons de ne pas parler de notre histoire. On n'a pas envie, si je reste un peu dans ce château doré, de devenir un couple « people ». Pas un mot donc, personne ne saura rien.

Les adieux sont déchirants. Comment nous sortirons-nous de cette aventure ? Bientôt six années d'amour. Aucun enjeu ne vaut de les gâcher. Je fais une promesse à Anne-Lise : « Si tu sens que tu n'en peux plus, je quitte le jeu. Je trouverai bien un moyen d'avoir de tes nouvelles au-delà de la minuscule minute de téléphone. »

J'ai très peur de cette impossibilité de communiquer avec l'extérieur. Moi qui suis un accro du portable, comment vais-je faire pour vivre sans mon téléphone au château ? Sans pouvoir appeler Anne-Lise quinze fois par jour ? Bien entendu, nous avons essayé de mettre des codes en place. Avec ma mère, par exemple, pour savoir si à l'extérieur mon parcours est bien perçu, je lui demande si ma tortue se porte bien. On a eu l'idée aussi de fabriquer des badges de couleur. Rouge quand ça ne va pas, bleu quand c'est le bonheur, jaune quand l'inquiétude est là... Finalement, les badges n'existeront jamais, et je suis bien obligé d'avouer que l'on peut tout à fait vivre sans téléphone.

Pour mes amis, y compris ceux qui étaient certains que je serais de la sélection finale, il est à peu près évident que je ne vais pas rester longtemps. Plusieurs me disent qu'ils n'organisent pas de petite fête d'adieu puisqu'ils savent que dans deux ou trois semaines je serai de retour, viré ou auto-viré ! Ils me trouvent toutes les bonnes raisons pour ne pas tenir le coup, et n'ont pas vraiment tort : « Tu ne danses pas, tu n'es pas sportif, tu n'es pas un chanteur à voix, l'autorité et toi on rigole, la vie en collectivité tu supporteras pas... » C'est sûr que, quand j'y réfléchis, ça s'annonce difficile. Alors, autant ne pas réfléchir.

Dix-huit heures, je referme la porte de mon trente-huit mètres carrés parisien. Un ami, David, est là pour tout récupérer : les clés, mon portable que je n'ai bien sûr pas le droit d'emporter. J'ai encore passé quelques coups de fil pour essayer de démentir les rumeurs qui circulent auprès de connaissances : « Non, je ne participe pas à la Star Ac. » Il faut dire que la clause de confidentialité doit être respectée à cent pour cent, au risque d'être éliminé. Si près du but, ce serait dommage. Mais j'ai dû passer pour un sacré menteur auprès de pas mal de gens. J'espère qu'ils m'ont pardonné...

C'est porte de la Villette que je pose mes bagages pour cette première étape « pré-académycienne ». Un « parrain » m'y attend. Histoire de s'assurer que je joue bien le jeu. La consigne est des plus claires : « Vous êtes réunis à l'hôtel, mais vous ne devez pas vous croiser ! » Ça commence fort. Et c'est bien mal me connaître. J'ai de la chance, mon « ange gardien » ne se prend pas la tête. Il essaie de respecter les règles imposées par la production, mais il sait aussi fermer les yeux. Manger seuls, ne parler à personne, ne plus téléphoner, ne pas sortir, déjà le régime est draconien. Pourtant, ces trois jours sont formidables et très excitants, et le jeu du chat et de la souris (le chat, c'est la production, et je suis la souris) va se poursuivre pendant toute la durée de l'aventure. Le premier soir, je rencontre Tina. Elle vient d'atterrir de Biarritz. Nous nous sommes déjà vus une fois, très brièvement, lors d'essais en studio. Juste bonjour et au revoir. Là, nous prenons notre temps. Nos parrains tentent bien de s'interposer... Mais nous rusons pour déjouer leur attention. Puis un beau gosse débarque, une allure de celles que je peux craindre, un *latin lover* qui se révélera plutôt doux et assez drôle. C'est Sofiane. Tous trois partageons le même sentiment : nous avons une chance incroyable de nous retrouver ici. Nous apprenons à mieux nous connaître, nous nous racontons nos petites vies. Avant de dormir, je réussis à emprunter, ni vu ni connu, un portable à un inconnu. J'appelle Anne-Lise et ma mère pour les rassurer : tout va bien pour moi, j'essaierai de les rappeler.

Le programme des trois jours est très chargé : répétitions pour notre premier prime, mais aussi rencontre avec tous les intervenants de la production, les responsables juridiques, les programmateurs, la psychologue Dominique, le médecin – fabuleusement déjanté – Djéa !

L'atmosphère de cette première journée est studieuse et même un peu tendue. On nous a prévenus, elle va être longue. Nous la passons isolés chacun dans une petite pièce aux studios de La Plaine-Saint-Denis. Nous y recevons la visite de chacun de nos interlocuteurs. C'est aussi le moment des premières interviews, de la présentation des règles de la vie au château, de la prise de tonalité avec Matthieu Gonet. C'est interminable. Je m'ennuie ferme dans cette petite pièce. Je tourne en rond, je soupire, je me plains déjà. Sympa les débuts, côté coulisses.

J'ai également retrouvé Sébastien. Nous savons qu'il est question que nous chantions ensemble *Éteins la lumière* et j'ai bossé le morceau comme un fou avec mon pote guitariste. Là aussi, j'apprends à mes dépens qu'à la télé il faut savoir s'adapter. Au revoir Axel Bauer, bonjour Saez ! C'est finalement *Jeune et con* que nous allons chanter. Heureusement, ce n'est pas trop compliqué à jouer. C'est dans une grande salle vitrée que je me retrouve avec Seb, Matthieu Gonet et Tina. Nous répétons enfin notre premier titre sur le prime. Ce sera notre premier contact avec le public, et je sais qu'il ne faudra pas se louper. La première impression est souvent celle qui compte. On va nous scruter, nous jauger, nous juger peut-être sur ce titre. C'est Tina qui va commencer avec *Parce qu'on vient de loin*, la chanson de Corneille. Nous les mecs, on bosse les chœurs, on les déplace, on reconstruit la chanson, on l'enchaîne avec notre duo pop-rock. Matthieu Gonet est très impliqué dans notre travail. Il prend son rôle très à cœur, et il est déjà en relation permanente avec David Berland, qui va diriger l'orchestre sur les primes. C'est une nouveauté de cette année, nous avons la chance de chanter avec un vrai orchestre et non sur bande comme les années précédentes.

Au premier abord, je trouve Matthieu assez distant. En fait, il est un peu timide, et va rapidement nous mettre à l'aise. Pendant les répétitions, nos « parrains » ne nous lâchent toujours pas d'une semelle. Ce sont des étudiants, et ce petit job les change un peu de leurs habitudes. Le soir, nous décidons, Tina, Seb et moi, de nous retrouver pour dîner. C'est un peu « hors règlement », mais nos gardiens se laissent convaincre sans trop de difficulté. Je rentre crevé à l'hôtel et, finalement, le vin aidant, je ne vais pas veiller très tard. J'atterris au bar, toujours sous bonne surveillance, avec la peur au ventre. Peur de ce qui va se passer, peur de changer de vie, de ne plus être moi-même. Peur de devoir « faire la pute » et me soumettre à un système auquel je n'adhère pas vraiment. Mon parrain et moi en discutons, et le nœud au ventre se desserre un peu. Une fille débarque, lâchée par une autre fille. Elle enchaîne clope sur clope, me demande si je fais l'émission. Elle a un petit côté extraterrestre, un look étonnant, un accent toulousain à couper au couteau. Je ne sais pas pourquoi, mais je ne la sens pas trop. Je suis prudent, et me ferme comme une huître, face à Hoda qui deviendra pourtant quelques semaines plus tard ma confidente, et l'épaule sur laquelle je pourrai me reposer. On devrait souvent se méfier de ses premières impressions.

Jeudi. C'est l'avant-dernier jour d'une vie – presque – normale. On travaille, on travaille, et la tension est perceptible chez tous ces gens qui nous entourent. Moi, je stresse. Je me dévore les ongles au-delà du raisonnable. J'ai vraiment peur de me jeter dans la gueule du loup. J'ai l'impression que je vais me faire dévorer tout cru.

Dans ma chambre, j'allume la télé. Sur TF1, il y a la bande-annonce. « Dans vingt-quatre heures, vous découvrirez qui sont les nouveaux élèves. » J'ai hâte. Comme chaque année d'ailleurs. Découvrir le visage de chacun des nouveaux candidats, essayer de deviner chaque personnalité... La différence, c'est que, cette année, j'y serai. Je vais les connaître, vivre avec eux. Ce soir, c'est mon dernier soir de liberté ! Je m'enfuis comme un bandit, demandant à l'ami parrain de me faire confiance. Je cours acheter une carte téléphonique que j'use assez vite à la cabine du coin, histoire de dire encore à tous ces gens que je les aime, qu'ils vont me manquer. Qu'ils me manquent déjà. Ma fiancée surtout. Et puis, parce que c'est la dernière occasion, j'organise une soirée un peu osée en cette veille de premier prime ! Je réussis à convaincre une marraine de nous embarquer chez elle pour fêter l'événement. Le temps de quelques courses chez l'épicier en bas de chez elle, et nous voilà autour d'un énorme plat de pâtes et d'un bon vin. Le goût de la liberté... J'en abuse un peu, ce n'est pas trop mon habitude, mais j'ai besoin d'oublier. Retour à l'hôtel en pleine nuit et, au réveil, un joli mal de crâne. Le dernier avant un petit moment, sans doute. Car au château nous aurons autre chose à faire. Et quitte à y entrer, j'espère y durer un peu.

Aujourd'hui, je vais enfin faire la connaissance de mes dix-huit « colocataires ». J'en ai déjà vu quelques-uns, mais les autres ? C'est lors de la répétition du titre de Sardou, *En chantant*, que je les découvre. Je rencontre également notre répétitrice, Jasmine Roy. Elle aussi est une « petite » nouvelle. Je dévisage tout le monde, les observe avec attention. Dix-huit candidats. C'est énorme ! J'ai tellement peu l'habitude de la vie en communauté. Quand je les vois, tous ensemble, j'ai surtout envie de m'enfuir, de jeter l'éponge. Il y a un petit clan qui se forme déjà : Sofiane, Harlem et Enrique rigolent beaucoup ensemble. Je remarque que Lucie n'est pas là. Zut, moi qui avais dit à sa mère qu'elle ferait partie à coup sûr des sélectionnés... Seul le regard complice de Sébastien me donne un peu de courage.

Dans l'ensemble, ça chante plutôt bien, et j'appréhende un peu quand vient mon tour de pousser la chansonnette ! Je m'inscris d'office dans un tout autre registre. C'est bien d'être différent, mais, dans ce genre d'émission, est-ce conseillé ?

Le rituel que je découvre ce soir sera le même pendant trois mois : stylisme en quatrième vitesse avec trois « ovnis », Noy, Hiron et Angy, puis aussitôt le maquillage avec des filles très souriantes et très pros, et sans perdre de temps le salon de coiffure mobile dirigé par Franck Provost. Les stylistes me proposent une chemise à fleurs. Je trouve ça bien gentil qu'on m'habille, et n'ai rien à redire sur ce que l'on me prête le temps d'un prime. Avec le recul, peut-être que la chemise était un peu kitch. Et alors ? Je n'attache aucune importance à ces détails, tout concentré sur ce *Jeune et con* que je dois déchirer, guitares branchées, avec Sébastien, d'ici une heure ou deux. Énorme poussée d'adrénaline. J'ai déjà un peu ressenti ça avant les gros concerts auparavant. J'entends dire que deux candidates auraient été remplacées, sans explication...

Vingt heures cinquante et des poussières, ce 3 septembre 2004. Générique.

Ça fait sans doute un peu pompeux, mais à ce moment précis je sais qu'une page de ma vie est en train de se tourner. L'attente est insupportable. Je ne sais pas encore précisément quand « ce sera à nous ». Dans les coulisses du plateau, nous sommes comme dans le vide. En dehors de ce qui se passe à l'écran. Très loin de ce que vivent les téléspectateurs. Nous n'avons aucun retour image, seulement le son de l'émission. Enfin, on nous fait signe, ça va être à nous. Ils diffusent le reportage de présentation qu'ils ont tourné en Normandie. J'entends les commentaires de Pascal Nègre, le P-DG d'Universal Music. Je me fais allumer ! Il me conseille d'« apprendre l'humilité ». Mon petit sketch le mettant gentiment en boîte lors du casting aurait-il été mal interprété ? Puis c'est Gérard Louvin qui donne son avis, et il n'est pas tendre non plus. Lui avoue « ne pas être convaincu ». Le public ne m'a pas encore entendu, et déjà je m'en suis pris plein la tête. J'ai les boules, et j'ai envie de leur rentrer dedans. Heureusement, l'expérience acquise au cours des précédentes années va jouer pour moi. Ne jamais se déconcentrer. Je ne ferai pas une remarque et ne détruirai rien sur le plateau ce soir-là, mais ce premier « magnéto » m'aura plongé immédiatement dans le bain. Je sais où je me trouve, et si je veux ma place au soleil, il va falloir que je la creuse. À la main !

Au final, la chanson n'est pas si mal interprétée que ça. Et c'est plutôt mignon de se retrouver tous les trois alors que, vingt-quatre heures plus tôt, nous étions compagnons clandestins.

Nous sommes placés les uns à côté des autres sur de grands bancs blancs. Une nouvelle fois, j'observe les visages. Rien de très positif. J'ai l'impression que je vais m'entendre avec peu de monde. Je ne me sens pas dans mon élément. Je me retourne, et, ô miracle, je découvre Lucie. Elle vient d'être repêchée par la production, remplaçant au pied levé une des deux candidates éliminées. Ça me soulage de la voir là, la petite Lucie. Elle me tend la main et me dit : « C'est incroyable, c'était mort pour moi il y a quarante-huit heures, et je suis là... Tu l'avais dit à ma mère ! Tu l'avais dit à ma mère ! » Je suis réconforté par cette petite conversation, et ne pose plus guère de questions quant au reste de l'émission. J'observe toujours les autres, rigole un peu avec Sébastien qui a sympathisé avec John entre-temps. On regarde, on se moque... Pour rire bien sûr. À chaque coupure pub, Seb se retourne vers moi et me répète : « Mais qu'est-ce qu'on fout là ? »

Et puis il y a l'entrée sur scène de Grégory. Il commence à chanter, et il nous enterre tous. Le reportage, qui parle aussi de sa maladie, en aura ému plus d'un. Les caméras s'éteignent le temps de la pub, mais le public continue de scander son nom sur le plateau. C'est déjà un triomphe. C'est vrai, ce « petit jeune » chante remarquablement bien, mais je ne le trouve pas du tout à mon goût, trop éloigné du type d'artistes que j'aime et de mon univers à moi. Et pourtant, sans le savoir ni le vouloir, Grégory va réussir très vite à me convaincre et à me toucher. Ce soir-là, le premier de l'aventure, je sais déjà que celui qui va se trouver face à lui en demi-finale n'aura aucune chance. Car je sais qu'il ira en finale.

Au bout du compte, ce premier prime a été plutôt indolore, à l'exception du reportage, difficile à encaisser sur le coup. Sortie du plateau, direction le château. Vu de son poste de télévision, on a toujours l'impression que des hordes de fans se bousculent à la sortie du studio pour accueillir les élèves qui regagnent leur bus. En fait, il y a là une petite poignée de courageux qui a attendu longuement dehors pour nous voir quelques secondes. Ça crie beaucoup, et je dois avouer que c'est assez jouissif d'être mêlé à ça. Même si le prénom que l'on entend beaucoup n'est pas le sien... Autour de nous, il y a une sécurité impressionnante. Au début, je trouve ça démesuré, puis, petit à petit, ça me rassure face au comportement plus que limite de rares hystériques.

Après quelques photos devant le bus avec Nikos, nous démarrons, direction Dammarie-les-Lys. C'est le premier vrai moment d'échange tous ensemble. La pression est un peu retombée, et l'excitation est toujours à son comble. Première bataille d'eau. Ça m'amuse moyennement et je ne suis pas le seul, mais... Ne commençons pas ! À l'écran, on montrera cette image comme un joli instant de convivialité et un symbole de bonne entente.

Nous arrivons assez rapidement devant les grilles du château. Mais nous sommes bloqués très longuement car notre entrée doit être diffusée en direct sur TF1. Nous négocions les uns après les autres une autorisation de sortie pour aller griller une cigarette. Puis on nous équipe de ces petits micros qui ne nous quitteront plus.

Feu, partez ! Les grilles s'ouvrent. On a tout fait pour que cette entrée au château demeure inoubliable. Mise en scène grandiose, feu d'artifice, féerie impressionnante. Avec en fond de décor, royal, imperturbable dans le rôle principal, mon directeur d'Academy, Gérard Louvin, nonchalamment appuyé contre l'une des colonnes, et qui attend que la pétarade s'arrête pour nous souhaiter la bienvenue. J'avoue que nous en avons tous pris plein la vue. Quel accueil ! La visite de notre nouvelle résidence est un peu bâclée, nous aurons tout le temps d'apprivoiser les lieux. Il ne faut pas trop traîner : ce samedi à dix heures, notre premier cours de sport nous attend.

Nous sommes un peu déçus de ne pas dormir au château cette année. Se réveiller avec le parc sous les yeux nous aurait bien plu. Nous nous contenterons sans rechigner de ce campus haut en couleur avec ces trois chambrées de six personnes. Première occasion de créer des clans, très certainement. Le principal, pour moi, est de ne pas être trop loin de Sébastien, ni de Radia avec qui j'ai fait un peu connaissance dans le car tout à l'heure. Chambre deux pour nous ! Gauthier, avec son air bien sympathique et sa guitare, Tina, ses photos et son encens, Radia et ses souvenirs d'Alger, Émilie et sa grande gueule, et Sébastien mon « poteau ». Voilà donc les cinq premières personnes avec qui je vais cohabiter. Passera, passera pas ? Là n'est pas la question ce soir. Nous sommes plus préoccupés par la chaleur écrasante qui règne ici et par l'absence de climatisation, ou par l'impression désagréable de découvrir que nos bagages ont été fouillés pour voir si personne n'avait caché de téléphone ou de substance illicite. A priori, pas de petit tricheur dans le groupe.

La première nuit est très difficile. Il y a eu la tension du show, puis le transport en car, puis cette chaleur tropicale sans la possibilité de prendre une douche ou de se changer. Côté chaleur, il va falloir attendre presque une semaine pour que ça s'arrange, après de nombreuses plaintes auprès du régisseur. Pas toujours si rose, la vie de château.

Et puis il y a cette quasi-phobie de la vie en collectivité. Je fuis les groupes, qui lissent et étouffent les personnalités. Je n'en supporte ni les normes ni les compromis. Il faudra pourtant que je m'y habitue. Que je fasse tomber les barrières, que je m'intègre. Au cours des premières semaines au château on me voit souvent en arrière du groupe, et on me le reproche. Je sais que, pour poursuivre l'aventure, il va me falloir m'ouvrir aux autres, apprendre à faire confiance. Je suis un solitaire. Depuis toujours, je crois. Un peu plus sans doute depuis cet été 1987 où le petit garçon que je suis alors découvre le mensonge, la trahison et l'abjection.

La Bretagne

Juillet 1987. C'est les vacances. Et le début de l'horreur. Cette partie de ma vie est la plus difficile à encaisser, la plus douloureuse de mon existence. Interminablement douloureuse.

Tout commence bien, pourtant. Maman a choisi pour les vacances la belle Cornouaille, dans le Finistère sud. Bien qu'ayant peu de moyens, nous avons déjà eu tous les deux l'occasion de découvrir plusieurs régions françaises. À mon palmarès, et à celui de notre vieille Fiat Panda, on compte déjà Rocamadour, Lourdes, Gap, Castres. Je suis heureux cette année de connaître une région toute voisine, la Bretagne. Une nouvelle fois, maman a dû se serrer un peu la ceinture pour que nous puissions changer d'air. Dans le coffre de la voiture il y a une modeste tente, un réchaud à gaz, des couverts en plastique multicolore, des matelas gonflables, et nos duvets.

Ce qui me plaît dans le camping, c'est qu'on peut rouler des heures, au gré de notre envie, et s'arrêter là où bon nous semble pour planter notre petite canadienne deux places. Ce premier jour, nous décidons de longer la côte et de profiter un peu du paysage. Pendant plusieurs heures nous roulons ainsi, appréciant à sa juste valeur le charme du littoral breton. De criques en ports, nous arrivons en fin de journée dans un coin charmant qui nous séduit tous les deux. Il y a là un camping deux étoiles. Deux étoiles ! Le luxe à mes yeux. Un endroit idyllique pour maman et moi. Des gamins s'amusent entre les tentes et les caravanes, et j'imagine déjà parmi eux mes futurs copains. Et parmi tous ces parents qui paressent sous les auvents se trouvent aussi de potentiels amis pour ma mère. Il y a une grande piscine, des terrains de jeux, la plage est à quelques centaines de mètres. C'est sans doute un camping semblable à des centaines d'autres, mais peu importe, à mes yeux d'enfant, il est déjà devenu « notre » camping, celui où nous allons passer les plus belles vacances de notre existence. Nous resterons au moins quinze jours, pour nous reposer. Maman l'a bien mérité. Entre le centre de soins où ses journées sont longues et le travail à la maison, elle n'a pas beaucoup de temps à elle. Ce petit paradis lui fera du bien à elle aussi.

Je me fais très vite des copains. Pas compliqué de lier connaissance au bord de la piscine et de partager ses jeux entre gamins du même âge. Je me sens à l'aise dans ce nouvel univers. J'enchaîne baignades, croque-monsieur frites, jeux de société... tout est fait ici pour le bonheur des vacanciers. Comme tous les enfants, et comme nombre de grands aussi, je m'amuse beaucoup avec l'animateur du camping. D'ailleurs, tout le monde l'adore. Il faut dire que c'est un peu le beau garçon type : le teint mat, dynamique, sportif, musicien, magicien, dragueur... Le véritable animateur de camping, quoi ! Celui qui manie comme personne les raquettes de tennis, et qui nage mieux que quiconque. Tous les enfants s'attachent à lui, il est gentil, protecteur. Les adultes, parents et grands-parents, l'invitent bien volontiers à partager une partie de cartes ou un apéritif. C'est l'ami ou le gendre idéal. Le petit ami rêvé. Pour ma mère, par exemple. J'ai bien remarqué qu'elle est tombée sous le charme du beau Bruno. Comme au moins une quinzaine d'autres vacancières... Le Parisien, revenu au pays de ses parents, fait des ravages ! Il me fait bien rire, ce type-là, du haut de mes sept ans. Je l'aime bien moi aussi, et je dois dire qu'il a un peu le profil du papa rêvé. Il m'apprend le volley, le tennis, le badminton, la natation. Il aime me taquiner, me chatouiller toutes les cinq minutes. Ce que je peux rire avec lui ! Maman et moi nous sentons en confiance avec ce nouvel ami. Il y a maintenant un vrai lien fort entre nous. C'est quelque chose de nouveau, que je n'ai jamais connu.

Les vacances passent vite. Surtout avec maman. Il faut toujours bouger, découvrir, visiter. Dinan, Concarneau, Bréhat, notre fidèle voiture avale les kilomètres. Les derniers jours défilent, comme un compte à rebours. La gorge se serre un peu et une nostalgie de ces bons moments se profile déjà.

« Ça » s'est passé avant notre départ. Ce jour-là, nous avons le privilège d'être invités par notre « GO » chez ses parents. C'est une maison traditionnelle, construite comme on le faisait deux siècles plus tôt, avec des « pierres debout ». La riche propriété se trouve à environ dix minutes à vélo du camping. On y accède par un chemin ombragé. Notre hôte sait recevoir. Il y a des crêpes au sucre et à la confiture, quelques compositions personnelles jouées rien que pour nous à la guitare. On se sent bien chez lui. L'homme fait rêver.

Je revois la scène : je ne sais plus pourquoi, nous montons à l'étage. Pas maman. Juste lui et moi. Puis il y a sa main. Sa main sur mon corps. Sa main qui s'aventure sur mon bas-ventre. Sa main avec insistance. Juste un instant, le temps de monter au premier et de redescendre. Sans aucune violence.

Nous sommes en bas maintenant, il y a maman, les crêpes au sucre, les sourires. Je suis sans voix. Je n'ai pas bien compris. Ce n'est sans doute pas grave, peut-être normal, un peu comme un secret. Je ne sais pas comment se comportent les messieurs avec les enfants. À part papy, il n'y a pas d'homme à la maison.

Les vacances sont déjà finies, c'est l'heure des adieux. On échange les adresses, on s'écrira. Régulièrement, en effet, nous recevons des lettres de Bruno. Il nous dit son attachement, s'inquiète de notre petite santé. Souvent il demande s'il aura la « chance » de nous revoir l'année prochaine. Mais je n'ai pas oublié ce bref épisode de fin de vacances. Il est là quelque part dans ma petite tête de môme. Je m'en souviens comme d'un moment étrange. Je me demande parfois si c'est mal. Ce dont je veux me souvenir, ce sont ces quinze jours magnifiques à s'amuser, mes copains, les rencontres, les patrons du camping si accueillants, les jeux, la mer. Oui, j'espère qu'on y retournera. Et je le dis à maman lorsqu'elle m'interroge sur nos prochaines vacances. J'ai envie de les revoir, tous. Même lui, le monsieur du camping, qui sait si bien s'intéresser à moi, me prêter attention. Un peu mon grand frère, un peu mon oncle peut-être. Notre héros des vacances.

Onze mois plus tard, c'est donc reparti pour le chargement de la voiture, la tente, les duvets. Et ma mère au volant, qui roule vers notre éden, pied au plancher, soit quatre-vingt-dix kilomètres à l'heure, pas plus.

Si tout s'était arrêté là, les souvenirs seraient restés radieux, avec dans la tête comme un Cézanne, plein de tournesols avec un grand soleil. Et des petits oiseaux qui gazouillent. L'été, l'enfance, l'insouciance.

Ça ne s'est pas arrêté là. 1988, 1989, 1990, trois étés plus longs que des années. Il a éteint mon soleil, barbouillé mon enfance. Il a barré de noir mon bonheur de gamin.

C'est si loin et si présent encore. Comment, près de vingt ans plus tard, dire ces moments-là sans satisfaire les voyeurs et les malades ? Comment, des années après, faire entendre ma révolte ? J'admire Sabine Dardenne, la vivante victime de la bien plus terrible affaire Dutroux. J'admire sa manière de dire, froidement, sans fioritures mais sans concessions, l'horreur et les atrocités. Et plus que tout, j'admire sa manière de suggérer avec pudeur quand tout, autour d'elle, n'est qu'impudeur et salissures. Je ne donnerai pas en pâture les images de mes souffrances. Je laisse cela à certains romanciers en priant pour que leurs « héros » ne fassent pas d'émules. J'ai eu froid dans le dos en lisant *Rose Bonbon*, ce roman dont le personnage central est un pédophile trentenaire. Qui sait quelles idées un tel bouquin peut faire germer dans la tête d'un lecteur un peu fragile.

Pour ce deuxième été breton, je retrouve donc mon ami, mon bourreau, son charme, son sourire tellement ravageur que personne ne peut rien soupçonner.

C'est cela sa force. Il séduit les parents pour mieux attraper les enfants. Cette année, tout va plus vite. Il est toujours là. Lorsque je vais sous la douche, il vient « jouer ». Je sais maintenant que ses caresses ne sont pas normales. Enfin, je le suppose. A-t-il le droit de me caresser comme ça, et de me faire toucher son corps tout entier ? Je me sens victime. L'attachement que j'ai pour lui peu à peu diminue. Il me met en garde : « Tu ne dois pas en parler. » Mais son ton reste habituel. Il n'est jamais menaçant.

Ne pas en parler... Je crois que ça va de soi. A-t-on envie de parler de cela ? J'imagine que mes petits camarades subissent la même chose que moi, et qu'eux non plus ne disent rien. Alors pourquoi parlerais-je ?

Souvent, quand je suis seul, son visage me hante. Sa bouche, ses yeux, sa chevelure bouclée et sombre. Et cette jolie voix que j'entends encore crier des bêtises de grand garçon gentil.

Maintenant, il me force à le toucher dès qu'il en a l'occasion. À la piscine, alors que les autres sont tout près de nous, sa main s'aventure régulièrement dans mon maillot de bain. Personne ne voit rien. Maman ne peut rien imaginer de tout cela, bien sûr. Elle a confiance et n'hésite pas à me laisser à mon bourreau pour une heure ou deux. Il m'emmène dans la maison familiale. Et ça commence dès que nous quittons le camping. Il m'installe sur le porte-bagages. Là, il me met d'office les mains à l'intérieur de son short bleu. « Pour ne pas perdre l'équilibre », évidemment. Et puis, ensuite, il y a la maison, à l'abri des regards.

C'est très facile de tomber dans le panneau de ce type d'individu. Pour les enfants comme pour les grands. Tout l'art du pédophile consiste à savoir se faire aimer, à gagner la confiance. Pour mieux la tromper. Ma mère s'est amourachée de ce type. Je les revois, main dans la main, lors d'une balade à plusieurs sur la grande plage. Et moi, me demandant comment maman peut tenir cette main qui me salit et m'humilie. Je sais bien pourtant que je ne peux pas lui en vouloir. Elle ne peut pas et, surtout, elle ne doit pas savoir.

Avec moi aussi il sait se montrer doux et tendre. « Il n'y a que toi que j'aime », me dit-il. Aimer, pour moi, c'est aimer comme on aime sa maman. Je ne connais pas encore l'« amour » des grands. Il me couvre maintenant de cadeaux, de bandes dessinées, démarrant ma collection de « Tuniques bleues ». Il m'offre glaces, bonbons... Mes copains aussi reçoivent régulièrement ces petits cadeaux. Est-ce pareil pour nous tous ?

Je ne peux pas parler de lui sans évoquer ce qui aujourd'hui encore me semble son « bon côté ». Je ne sais comment j'arrive à faire la différence : il écrit magnifiquement. Il a enregistré quelques disques, et ses chansons me touchent. Lorsque parfois je repasse ces titres que nous écoutions le reste de l'année avec maman sur notre vieille chaîne hi-fi, je réussis à ressentir de l'émotion. Et puis c'est un excellent conteur. Il n'y en a pas deux comme lui pour vous raconter la Voie lactée, les constellations. Il sait vous donner la chair de poule lorsqu'il vous raconte les légendes bretonnes, les fantômes sur la lande, et les fées dans la brume des petits matins. J'éprouve un vrai plaisir à l'écouter, collé contre maman. J'aime l'ambiance du feu que l'on allume sur la plage, quand il prend sa guitare pour chanter. Est-ce bien le même homme alors ? Où est donc celui qui tout à l'heure me forçait... Mais, sur le chemin du retour, c'est bien cet homme-là que je retrouve. Nous marchons côte à côte dans l'obscurité. Il me serre contre lui. Ses mains de nouveau attrapent les miennes et m'obligent à des gestes obscènes. Comment ose-t-il, à quelques mètres à peine des autres ?

Il est venu une fois à l'appartement de Saint-Lô. Il est resté quelques jours. C'est maman qui l'a invité. Il a dormi avec elle. Un matin, réveillé avant eux, je le trouve nu sur le lit. Je crie et m'enfuis en pleurant. J'ai tellement peur qu'il ne lui ait fait subir la même chose qu'à moi. Je ne peux pas savoir... Alors il vient me consoler, demandant à ma mère de nous laisser seuls, lui et moi. Il se fait très doux, rassurant. Puis il m'emmène dans la baignoire. Ma mère est touchée par cette belle complicité qui semble nous unir. Lui m'installe entre ses jambes. La porte ne ferme même pas à clé. Comme si rien ne pouvait l'arrêter...

Qui sait combien de temps cela aurait duré s'il n'y avait pas eu le dessin envoyé à Xavier ?

Xavier est un copain du camping. Je modifie volontairement son prénom. Un soir, à Saint-Lô, le téléphone sonne. Comme souvent, je me précipite pour décrocher. Au bout du fil, Jean-Claude, le père de mon copain. Il a la voix sèche, tremblante. Il veut savoir si je vais bien. Si je suis sûr de bien aller. Son ton est grave. Il veut parler à maman. C'est urgent. Il me demande de les laisser entre grandes personnes. J'ai compris, bien sûr. Je me sens démasqué. Coupable. J'ai tellement honte. J'appelle maman, elle attrape le combiné. Nos regards se croisent et j'éclate en sanglots. Je n'ai que dix ans, mais j'ai bien plus en réalité. Ces années de silence m'ont fait grandir, vieillir. Je sais qu'il va falloir s'expliquer. Justifier ce silence. Un silence comme un mensonge. Je file dans ma chambre. J'entends des bribes de conversation. Le ton de ma mère. « Tu es certain ? » répète-t-elle. Comme le choc doit être rude pour elle en ce moment. Elle découvre la trahison de cet homme à qui elle a donné sa confiance et sans doute un peu d'amour. Et surtout elle se rend compte qu'elle n'a rien vu. Déjà ma réaction lui en dit long. Elle a compris : il n'y a pas eu que Xavier.

Il m'est pourtant arrivé une ou deux fois d'essayer d'attirer l'attention, de tirer la sonnette d'alarme. Comme cette fois où, à la piscine, j'ai refusé d'aller sous la douche avec lui. Mais qui aurait pu imaginer ? J'ai dix ans et je n'ai jamais entendu parler de pédophilie. On est à la fin des années 1980, et les journaux font rarement leur une sur ce type d'affaire. Avec davantage de repères, peut-être aurais-je osé me rebeller. On ne pourra pas réécrire l'histoire.

Des dessins pornographiques le mettant en scène avec Xavier, griffonnés sur un courrier de trop, voilà qui enfin l'aura démasqué.

Après ce coup de téléphone, maman ne pense qu'à le traîner en justice. Jean-Claude lui aussi est bien décidé à le faire condamner et à le faire payer. Reste à trouver un avocat, et suffisamment d'argent. Maman a entendu parler d'une association qui peut nous venir en aide, « Enfance et Partage ». Elle me propose d'être là lorsqu'elle compose le numéro vert. L'opératrice décroche. Important de dire l'« opératrice ». Ma mère lui raconte brièvement notre histoire, lui expose qu'elle n'a pas les moyens de prendre un avocat. Au bout du fil, la voix explique que l'association peut se charger d'une partie des frais, mais que, si nous ne pouvons pas payer le reste, il n'y a rien à faire. Maman est décomposée. La voix blanche, elle répond calmement : « Tant pis », et raccroche. Il me semble bien me souvenir qu'à ce moment-là nous nous serrons tous les deux très fort.

La plainte déposée auprès du commissariat est allée directement à une brigade des mineurs située en région parisienne. Un jour, deux flics sonnent à la porte de l'appartement. Ils ont quelques papiers à remplir, quelques questions à poser, des formalités avant le procès. Pas psychologues pour deux sous, ils m'envoient « jouer dehors ou dans ma chambre ». Je laisse donc maman seule, non sans protester, non sans pleurer, inquiet, avec l'impression qu'on la juge un peu coupable de ce qui m'est arrivé, coupable de n'avoir rien vu des atrocités qu'on a fait subir à mon jeune corps. De ma chambre, bien sûr, j'écoute leur conversation. Je prends conscience de l'angoisse qui la ronge. Elle a peur pour moi. Peur qu'il ne vienne me chercher puisqu'il sait où nous habitons. Peur qu'il ne m'attende à la sortie de l'école. J'apprends ainsi, l'oreille collée contre la porte, qu'elle a prévenu ma maîtresse, et que le moindre retard doit lui être signalé. Maman a maintenant pleinement conscience de ce que j'ai vécu. Elle a peur de l'enlèvement, peur des sévices. Puis les deux policiers me font revenir et me posent des questions. Je m'étonne aujourd'hui encore de leur manque de psychologie, de leur manière brutale de m'interroger.

— A-t-il mis son sexe dans ta bouche ?

Que répondre à ça ? Je détourne le regard, contourne la question. J'ai envie de m'enfuir. Ils n'insistent pas trop, et nous convoquent un mois plus tard dans leur bureau. Ma mère, toujours dans l'impossibilité de payer notre déplacement, leur demande de nous fournir nos deux allers-retours, ce qu'ils font. Ce jour-là, dans ce train qui nous emmène vers Paris, nous avons tous les deux l'impression que nous allons enfin nous débarrasser de cette histoire, que c'est notre dernier voyage vers cette période horrible de notre existence. Je suis la victime directe, mais c'est toute la famille qui est touchée.

Maman bien sûr, de plein fouet, mais mon grand-père aussi. C'est un gros choc pour lui, et il est convaincu que, s'il avait été là, il aurait vu. Moi, je sais bien que ça n'aurait rien changé, et que lui aussi se serait laissé endormir.

Ce jour-là, dans ce bureau impressionnant de tristesse, j'ai de nouveau droit aux mêmes questions. Face à moi, deux femmes cette fois. L'une pose des questions, l'autre tape à la machine. La juge sans doute. Ses méthodes sont aussi directes et traumatisantes que celles des deux policiers venus à Saint-Lô. Il faut donc que je raconte, que je donne des détails. J'ai l'impression de subir une nouvelle fois. C'est presque aussi douloureux.

Aujourd'hui, les méthodes ont changé, et on reçoit parfois les bambins dans des salles colorées, où un psychologue échange avec l'enfant par l'intermédiaire de poupées sexuées. Juges ou policiers restent discrètement derrière des glaces sans tain. Il faut que ce type d'endroit se généralise, et qu'on oublie définitivement les interrogatoires tels que je les ai subis.

Nous n'avons même pas été tenus au courant de la date du procès ni du verdict. Et nous avons involontairement rompu le contact avec la famille de Xavier. Un jour, bien décidé à en savoir plus, j'ai retrouvé sa trace. J'ai rencontré quelqu'un de gravement traumatisé par les violences sexuelles subies. Aujourd'hui encore, il en veut à cet homme. Il dit aussi qu'il le tuerait bien, qu'il vit avec « ça » au quotidien. Moi aussi, j'ai eu cette envie de le tuer. Moi aussi, à onze ans, j'ai dévisagé les gens dans la rue, espérant le croiser par hasard, l'attraper, le défier. Et puis il y a eu la période des questions. Pourquoi a-t-il fait ça ? Comment s'en est-il sorti ? Quelles excuses a-t-il trouvées ? Il m'est arrivé d'en parler avec des amis, d'aller chercher sur Internet des réponses à mes questions. Qui sont les pédophiles ? Que faire pour éviter ça ? J'ai découvert des associations, des sites comme lavoixdelenfant.org. J'ai été rassuré de voir que des gens se mobilisaient pour lutter contre ce fléau, pour empêcher ces malades de nuire.

Mais si aujourd'hui je suis passé à autre chose, je sais aussi que c'est parce qu'à l'âge de vingt ans j'ai décidé de le rechercher. Je n'avais plus de haine, seulement de l'incompréhension. L'envie de confronter l'adulte que je suis à cet autre adulte, de lui poser mes questions les yeux dans les yeux, de lui dire combien il m'a paru dégueulasse. Lui dire que je lui en veux même si tout cela est derrière moi. Alors j'ai rouvert mon journal de voyage où je notais tout ce que je faisais pendant les vacances. J'y ai retrouvé des adresses, les numéros de téléphone de copains de l'époque. Il y a eu celui d'Aline, une jolie petite blonde toujours souriante. Une vraie copine des sables ! J'ai appelé, et par miracle c'est elle qui a décroché. J'ai vite compris que je n'étais pas le bienvenu. Elle a été plutôt agressive, m'a reproché ce silence de presque dix ans, et a fini par me dire qu'elle était toujours en contact avec « lui ». Plus qu'en contact, « nous sommes amis », a-t-elle ajouté. Ainsi donc, il était toujours en France, en région parisienne précisément. Longtemps je l'avais imaginé quittant le pays, exilé sur une terre lointaine, en Australie peut-être. Aline a logiquement refusé de me donner son numéro, mais m'a promis de lui parler de moi, de lui proposer de m'appeler.

J'étais convaincu qu'elle ne le ferait pas. Je me trompais.

Quand j'ai décroché le téléphone, j'ai reconnu la voix. Cette voix que j'attendais impatiemment d'entendre depuis des années. Combien de fois m'étais-je promis qu'un jour, je serais de nouveau face à lui ? Je l'ai revu tel qu'au camping de mon enfance. Calme, sympathique, même au téléphone.

— On m'a bien transmis ton message. J'étais certain que tu allais revenir un jour.

Revenir, moi ? Non, je ne « revenais » pas. Je l'avais retrouvé. C'était différent. Je lui ai dit en quelques mots ce que j'attendais de lui, ces explications dont j'avais besoin. Je lui ai raconté ce que j'avais sur le cœur. Et puis j'ai noté son téléphone fixe, en lui promettant de venir bientôt le rencontrer, les yeux dans les yeux, à Paris ou ailleurs.

Cette rencontre-là a eu lieu deux mois plus tard.

Ce jour-là, je le rejoins dans son appartement, plutôt joli. Il y a là deux jeunes hommes dont j'apprends qu'ils sont venus au cas où j'aurais de mauvaises intentions... Moi aussi, peut-être, aurais-je dû venir avec un garde du corps. Maman est très inquiète de me savoir avec lui. Toutes les demi-heures, elle m'appelle pour savoir si ça va. Oui, tout va bien.

Je m'étais dit qu'il aurait sans doute changé de tête, que peut-être je ne le reconnaîtrais pas. C'est le même homme que j'ai retrouvé. Les cheveux un peu plus gris, la même dégaine, le même jogging ou presque. Je le regarde et suis partagé entre l'angoisse d'être face à lui et la délivrance d'entendre enfin des explications et de lui dire combien j'ai souffert.

C'est moi qui prononce le mot « pédophile ».

— Ça n'a rien à voir, me dit-il. Tu es tombé amoureux de moi, et je suis tombé amoureux de toi.

— Comment peux-tu imaginer qu'un enfant de sept ans puisse être amoureux de toi ?

— Je ne l'ai pas imaginé. Tu l'étais. Tu me l'as écrit. Tu étais jaloux lorsque j'approchais les autres enfants.

— Mais, à sept ans, je t'aimais comme un grand frère ou peut-être comme un papa.

Il se lève et me montre une grande enveloppe dans laquelle il a gardé toutes mes lettres de l'époque.

— Mon avocat m'a défendu grâce à tes lettres. Il n'y avait aucun doute, ça crevait les yeux.

Puis il me parle de la Grèce antique, de l'éducation de l'époque, de l'initiation des jeunes enfants. Il m'avoue m'en avoir voulu d'avoir porté plainte, de l'avoir trahi. Je lui dis que maman craignait qu'il ne vienne me chercher. Il reconnaît y avoir pensé.

— Tu ne sembles pas te rappeler, c'était tellement fort ce que nous vivions.

Ses propos me font peur. Je le mitraille de questions.

— Combien d'enfants étions-nous dans mon cas ?

— Vous n'étiez pas nombreux.

Pas nombreux... Avec mes deux camarades, nous étions au moins trois. Alors pourquoi pas d'autres ? Je ne réussis pas à en savoir plus sur cette question. Il me répète seulement que nous l'aimions. Dans ses propos, pas la trace d'un regret. Il paraît heureux de me retrouver comme on retrouve un ami perdu de vue.

Au final, j'apprends qu'il a écopé d'un mois et demi de prison, avec l'obligation de se soigner. Des soins qu'il n'a apparemment pas suivis. Aujourd'hui, cet homme d'une cinquantaine d'années travaille toujours avec des enfants et des adolescents auxquels il dispense des cours de sport. Il m'a juré ne jamais avoir recommencé. Il ne m'a pas demandé de le croire.

Ce jour-là, j'ai décidé de tourner la page.

L'Academy

Entrer à Star Academy, c'est un peu comme commencer une nouvelle année scolaire. C'est excitant, et un peu angoissant. Excitant parce qu'à chaque instant il y a une découverte. Chaque coin, recoin du château, ses allées, son histoire. Et la rencontre avec nos professeurs. Celui que je redoute le plus est Milo Lee, le nouveau prof d'expression scénique. Les photos parues dans la presse me laissent penser que je ne vais pas pouvoir encadrer le remplaçant de Raphaëlle Ricci. Je n'aime pas ce look archi-américain, cette casquette, ce gant de cuir. Je dois dire que je me suis gravement trompé, vouant très tôt ce qui pourrait s'apparenter à un petit « culte » à celui qui deviendra le chouchou de beaucoup d'entre nous. Nous l'appellerons d'ailleurs notre gourou. Premier contact : je me souviens de lui nous observant un par un, en transpirant. Mal à l'aise, il se demande ce qu'il va bien pouvoir faire avec nous pendant deux heures. À ma sortie, il m'avouera qu'il était tétanisé de savoir si le contact allait passer, si le peu de différence d'âge entre nous n'allait pas être un handicap. Mais ses cours sont passionnants et les barrières tombent. Il nous apprend à nous connaître, à nous observer. À savoir regarder en arrière pour nous retrouver. Et se retrouver, lorsqu'on est emporté dans une aventure comme celle-là, c'est tellement important. Méditer, se ressourcer, apprendre à croire en soi... C'est d'emblée Milo qui m'inspire le plus confiance. Et je vais découvrir au fil des semaines que je ne me suis pas trompé. Il y a aussi ce cours très pédagogique d'Isabelle Charles, toute de rose vêtue et farfelue à souhait, nous expliquant comme à l'école comment fonctionnent nos cordes vocales. On sent bien que pour elle l'expérience est tout aussi excitante que pour nous. Je me souviens de ses premiers cours. Assis dans la classe, je peux à loisir contempler cette meute d'élèves et oser quelques pronostics. Dans ma tête, il est bien clair que je dois profiter un maximum de ces quelques jours, car je sais que je ne tiendrai pas le rythme, fainéant que je suis.

Le rythme, il va bien falloir que je m'y adapte. Les exercices physiques, le sport, la danse, Kamel, Tiburce... Autant de raisons de souffrir, physiquement et psychologiquement. Ce premier cours de Tiburce est le plus terrible de ma vie. Il va me falloir du temps pour comprendre que ce rythme imposé par notre coach au grand cœur est indispensable pour notre survie ici. Si t'as pas d'hygiène de vie à la Star Academy, tu meurs. Oui, tu meurs ! Si j'ai tenu trois mois et une semaine – important, une semaine –, c'est beaucoup grâce à Tiburce. Mine de rien et sous ses airs de caporal-chef, entraîneur de camp militaire, j'apprends énormément de lui. Il est d'ailleurs le premier à me complimenter et à me donner confiance en moi. Le matin, par principe, j'arrive toujours le premier. Pas pour faire de la lèche, mais par respect pour « Tib », comme on l'appelle aujourd'hui. Car lui est toujours à l'heure, bien que parfois il vienne de l'autre bout de la France ou même de l'autre bout du monde, accompagnant tantôt une équipe de foot, tantôt une équipe de basket. Il arrive qu'il n'ait dormi que trois ou quatre heures dans la nuit. Un matin, donc, je suis là avant les autres, à peine réveillé. Tiburce me regarde et me dit : « Tu me fais penser à Yves Montand. Tu as cette silhouette longiligne, cette classe, cet air charmeur... Tiens-toi droit, maintenant, et t'auras tout compris. » J'ai été très ému par ce beau compliment. Yves Montand que je vénère m'habiterait un peu... Les grands sportifs ont parfois beaucoup d'imagination ! Il n'empêche que la remarque me fait plaisir, d'autant que Tiburce n'a pas la langue dans sa poche et dit toujours ce qu'il pense.

La préparation de notre deuxième prime se fait à l'accéléré. Je sens qu'on va me faire chanter avec Tina, et ça ne loupe pas. Je suis très touché d'apprendre que je vais interpréter *Foule sentimentale*. Il faut dire que depuis que je suis entré au château, s'il y a une chanson qu'on m'entend chanter, c'est bien celle d'Alain Souchon. Pas trop d'accords, pas trop compliquée...

Nous voilà donc, avec Tina, propulsés sur le devant de la scène du prime, en duo, à chantonner. Nous ne savons à peu près rien du fonctionnement de l'émission, et nous l'apprenons ce soir-là à nos dépens. Inconscients, parce que coupés du monde et ignorants de ce qui est diffusé dans les quotidiennes, assis sur deux tabourets hauts, moi la guitare en bandoulière, chemise à fleurs roses, nous assistons, un peu bêtes, à notre premier « magnéto ». Il va falloir s'y habituer, nous sommes entrés dans l'univers de la télé-réalité. « Tina et Mathieu, amour amitié. » Une belle histoire à l'eau de rose construite à coup d'images collées, de moments démontés et remontés. Pas « totalement fausse », mais tellement pas vraie... Tina et moi nous regardons. Pendant les vingt premières secondes, nous trouvons sympa que l'on parle un peu de nous. Et puis, finalement, le sujet nous fait moyennement rire. Premier stress. Je glisse à Tina, en entendant qu'il nous reste dix secondes avant d'aller chanter la chanson en direct, qu'il vaut mieux en rire. Elle a du mal, moi aussi. Difficile de faire abstraction de ces images nous montrant très proches, avec ralentis à l'appui. *Welcome to the Star Academy !* Je suis amoureux de ma fiancée, elle de son ami, et tous les deux regardent très certainement la télévision chez eux. Alors on chante le titre en essayant de rester concentrés. Mais Tina perd plutôt ses moyens, dégoûtée de ce qu'elle vient de voir. Aujourd'hui, pourtant, quand j'y repense, il était plutôt mignon, ce reportage. Et cette voix de Tina, si particulière, si rauque, si chaude, si soul... Elle a tellement de talent. J'espère que le public, les gens s'en sont rendu compte.

Au château, comme sur le plateau, nous apprenons à faire connaissance avec les équipes, nos régisseurs, tous ces gens qui ont souvent du courage de nous supporter. Celui qui gère notre vie s'appelle Matthieu Rubin. C'est notre « nounou en chef ». Pince-sans-rire, adorable, on se frite inévitablement à quelques reprises, mais ça n'est jamais bien méchant. Le petit Clément aussi s'occupe de l'intendance. La casquette vissée sur la tête, il a toujours l'air pressé. Quant à Gilles, comme ses deux collègues, il enchaîne réparations du décor ou repas à préparer. Ils sont tous les trois nos oreilles attentives. Des oreilles discrètes, hors caméra. Malade ? Allô, le régisseur ? En panne ? Allô, le régisseur ? Et c'est pour tout comme ça :

pas assez à manger, trop chaud, trop froid, mal de crâne, problème de pressing... Allô, messieurs les régisseurs ? Il fallait voir leurs têtes à la fin de l'aventure. Je leur tire mon chapeau. Ils sont disponibles et toujours à l'écoute. Ils sont un peu nos soupapes, ceux à qui on peut se confier.

Il y a aussi Julien, surnommé « Kyo » à cause de sa ressemblance avec le chanteur du groupe. Il vient de temps en temps nous faire signer des autographes pour telle ou telle association, ou pour des enfants malades. Il est notre lien avec la production, celui avec qui on discute brièvement, et qui nous lâche deux ou trois p'tites blagounettes pour nous remonter le moral. Il faut dire que parfois nous en avons besoin.

Et puis il y a Faty, qui nettoie nos cochonneries. Et c'est souvent nécessaire. Elle est notre rayon de soleil. Faty me le dit souvent, il y a des élèves avec lesquels elle a du mal à « accrocher ». En général, ceux qui n'aident pas, puisque, au final, c'est bien elle qui doit ranger et faire le ménage. C'est d'ailleurs le rangement, enfin, plutôt le bazar, qui nous vaut notre premier coup de gueule de Gérard Louvain, le nouveau shérif du château. Exaspéré par l'état de la résidence, il vient souvent nous rappeler à l'ordre, nous menaçant d'avertissement général si l'état ne s'améliore pas. Il se dit « halluciné par l'état de la moquette », déjà dégoûtante après plusieurs batailles de ketchup et de mayonnaise. Ben oui, c'est ça aussi la Star Academy. J'avoue ne pas être très friand de ces instants-là, pas vraiment « artistiques » et loin de ce pour quoi nous sommes venus. On me renvoie en m'expliquant que c'est de la détente. Dans ces cas-là, je vais me détendre dans mon coin en jouant de la guitare ou en composant.

C'est vraiment à ce moment-là que les groupes se forment, en fonction des affinités. Il est clair que nous ne sommes pas tous sur la même longueur d'onde, et il est normal qu'on ne puisse pas s'entendre avec tout le monde. C'est comme ça que débutent les histoires de « chambre 1 » contre « chambre 2 ». Les paranoïas montent vite quand on est enfermés. Quand la « chambre 3 » disparaît, faute de combattants, et que les rescapés nous rejoignent, l'autre chambrée le vit mal. Nous ne formons pourtant aucun clan, et sommes plutôt paisibles. Le drapeau blanc est levé en toutes circonstances. Nous savons que, si nous voulons nous ménager, il faut réussir à vivre ensemble. Et le mieux possible. Nous devons donc être très vigilants. Face aux tensions, personne n'ose rien dire, ça chauffe, ça bout. Alors, parfois, il est bon d'ouvrir la soupape, et de régler les comptes en coulisse. Pour cela, nous avons deux endroits privilégiés : le bus, quand il n'y a pas de caméra, et la salle CSA. Mais, cette année, pas de vrais « coups de gueule » et une entente dans l'ensemble plutôt bonne. Rien d'inavouable, et pas de scoop à révéler : vous avez tout vu ! Enfin... presque tout.

À ma sortie, je vais me rendre compte des énormités qu'on a pu écrire et des « fantasmes » que cette salle CSA a fait naître. Pour résumer, c'est une petite pièce de dix mètres carrés maximum, un lieu lugubre où il fait extrêmement froid. Impossible d'imaginer une seule seconde des scènes torrides à l'intérieur. Nous ne sommes pas autorisés à y être à plus de trois, et en cas d'entorse au règlement la voix off nous rappelle à l'ordre. Car, bien sûr, la pièce est surveillée par caméra, même si les images ne sont jamais diffusées. Il paraît qu'il n'y a pas de micro et donc qu'on ne peut pas nous écouter. Je n'en suis pas si sûr, et suis très réservé sur la confidentialité des propos échangés avec mes « nouveaux amis » sur le vieux canapé défraîchi mauve-marron.

En salle CSA, il y a une tradition : chacun inscrit un petit mot sur le mur, laisse sa trace. Là encore, il faut composer avec l'« esprit » de quelques camarades. Certains dessins gâchent un peu le tableau, comme ce sexe de deux mètres tracé au marqueur. C'est un peu glauque. Mais enfermé, il faut faire avec tout le monde. Même avec les dessinateurs...

Les premiers jours, je me sens vraiment perdu et, chaque fois que je le peux, je m'isole. J'aimerais pouvoir appeler ma mère, discuter quelques instants avec elle, mais l'autorisation qu'elle a remplie pour pouvoir converser avec moi a été égarée. Je me souviens de mon premier coup de blues, m'effondrant comme un gamin sur ma paillasse. Maman va bientôt s'envoler pour le Burkina Faso, et j'ai peur de ne même pas pouvoir lui dire au revoir. Même si au quotidien il ne se passe pas une journée sans que je lui téléphone, j'avoue qu'au château je sens que j'ai encore plus besoin d'elle. C'est fou ce qu'on est fragile dans un contexte comme celui-là. Je me rappelle avoir vu quelques extraits des saisons précédentes où les candidats pleuraient dans les bras les uns des autres. Ils me semblaient ridicules et même un peu pitoyables. J'ai fait la même chose. Et je défie quiconque d'entrer dans cet univers sans péter un plomb ou pleurer au moins une fois. Nous y sommes tous passés. Nous sommes tout simplement des gens normaux, sensibles. Enfin, presque tous...

Depuis ma sortie, je suis surpris de cette question qui revient régulièrement : certains pensent que nous sommes des acteurs et que nous suivons un scénario. Ils veulent savoir si nous sommes de « vrais gens » ou des comédiens. Question absurde, mais on nous la pose ! Oui, nous sommes de « vrais gens », et c'est sûrement pour ça que ce n'est pas tous les jours facile.

Le troisième prime arrive et il est pour moi synonyme d'un beau moment. Dans l'ensemble, j'ai beaucoup de chance : on me donne souvent l'occasion de rencontrer des gens que j'aime et de partager des chansons avec eux. Et heureusement, au vu de mon anglais, on m'épargne les duos avec les artistes internationaux, ce qui m'évite de me ridiculiser. Cette semaine, c'est avec celle que je suis allée voir au Zénith de Caen en 1994 que j'ai l'honneur de chanter. Je l'admire au plus haut point. J'ai le bonheur d'être aux côtés de Véronique Sanson pour un duo sur *Rien que de l'eau*. Au premier contact, elle exige que je la tutoie, menaçant de changer de candidat si je n'obtempère pas. Je suis impressionné. Quelle simplicité et quelle classe ! Elle est à la fois sympathique, chaleureuse, rigolote... Pour un premier duo, je mesure ma chance.

Chaque semaine, nominé ou pas, je suis surpris de voir les plus grands artistes accepter le jeu du duo avec des artistes en herbe, des inconnus. C'est sans doute un peu risqué de se lancer aux côtés de ceux qu'on appelle les élèves et qui sont censés à peu près ne rien connaître, avoir tout à apprendre. Il est vrai que, cette année, tout le monde a déjà un peu bourlingué et roulé sa bosse, et, si on fait le compte, les vrais débutants ne sont pas légion. Enrique a été danseur dans « Belles, belles, belles », le spectacle musical autour des chansons de Claude François. Lucie a déjà enregistré et sorti un single. Hoda joue depuis des lustres avec diverses formations et passe ses week-ends avec un orchestre de bal dont elle est la chanteuse. Sandy et John évoluent depuis longtemps comme danseurs dans la compagnie si réputée des parents de John à Cannes. Grégory a déjà été repéré par des comédies musicales, c'est un habitué des castings et concours, et on l'a vu il y a quelques années dans « Graines de stars ». Nous ne sommes pas à proprement parler des débutants. Mais il est clair aussi qu'aucun d'entre nous ne peut vraiment être considéré comme un professionnel et que Star Academy constitue pour tous une opportunité d'aller enfin plus loin et de transformer l'essai. Ne pas être complètement novice est sûrement un atout, vu les plannings de dingues que nous avons, et le marathon des répétitions : mardi, prise de tonalité pour tout le monde ; mercredi, répétition des titres ; jeudi, répétitions sur le plateau ; vendredi, tout le monde sur le prime avec balances et répétitions avec les artistes invités. Tout cela sans compter les cours de sport, de danse, les chorégraphies à apprendre, le théâtre, l'interprétation scénique, le fitness, les cours de chant. Ajoutons-y les séances photo, les interviews pendant les heures CSA. En moyenne, nous ne dépassons pas cinq à six heures de sommeil par nuit pendant trois mois. C'est très peu, mais je sais maintenant que c'est possible. La preuve, je suis toujours en vie, et les autres aussi !

Pour les répétitions, nous avons la chance d'être épaulés par une équipe de grands professionnels, avec qui les rapports sont sans doute plus complices, puisque, à la différence des profs, ils ne sont pas là pour nous évaluer ni nous nominer. Michael Jones participe pour la première fois. Comme moi, avant de se lancer dans l'aventure, il n'en était pas un grand fan. Sa venue est d'autant plus une bonne surprise. John et moi avons vraiment été très heureux lorsque nous avons appris qu'il ferait partie de la bande. Je le revois prenant le temps de parler aux candidats, patient, rassurant. Courant à droite et à gauche aussi parfois, jouant de la guitare, déchiffrant devant nous à l'oreille les morceaux à présenter le vendredi soir. C'est une vraie leçon de voir un tel artiste si discret et si humble. Il y a aussi Jasmine Roy. Ça chante sévèrement du côté de chez Jasmine ! Du caractère et un vrai parcours d'artiste. Elle aime le jazz, Michel Legrand, elle a tenu tous les rôles féminins de *Starmania*. Artistiquement, je suis charmé, et c'est avec elle, je pense, que je sympathise le plus. Elle a vite cerné mon univers musical, et on se marre bien ensemble. Un jour, elle m'offre un petit bouquin, *Où s'embrasser à Paris*, m'indiquant tous les endroits typiques de la capitale où je pourrai sévir à ma sortie. Matthieu Gonet m'a en effet mis au défi d'embrasser Jasmine sur la bouche, puis les autres profs, me valant ainsi la réputation de « serial kisseur ». Je l'aime bien, Jasmine, et c'est une des rencontres fortes du château.

Et puis, bien sûr, il y a celui qui fait partie des murs, le « fantôme » du château, Mister Matthieu Gonet. C'est vrai que je craignais un peu de le rencontrer. Allez savoir pourquoi, l'ayant vu à la télé, il ne me paraissait pas très sympathique, un peu faux... Zéro pointé. Comme on devrait se méfier des a priori ! Au château comme en coulisses, Matthieu prend toujours le temps de m'écouter, et une vraie complicité s'installe entre nous au fil des semaines. C'est un perfectionniste, et il est toujours disponible, s'appelant lui-même notre « aimable serviteur ». Il trouve toujours les mots, les accords, et les bonnes tonalités pour nous réconforter. J'aimerais vraiment pouvoir travailler un jour avec lui. Je suis sûr que nos chemins se recroiseront. Ce qui est énervant chez lui, surtout pour quelqu'un qui ne chante pas toujours complètement juste comme moi, c'est cette oreille absolue : Matthieu entend tout. Le moindre défaut vocal, la moindre note un peu loupée le crispent. Ce qu'on peut rire avec lui sur les primes, dans le bus, ou en voiture ! C'est le roi de la blague.

En tout cas, en voilà trois qui ont bien du mérite. Faire répéter des apprentis chanteurs n'est pas chose simple. Il en faut du self-control pour ne pas s'énerver quand on n'écoute pas ou quand on s'éclipse pour fumer une cigarette sur le perron du château. Ce sont eux qui gèrent tous les imprévus : si un artiste ne veut plus chanter avec l'élève prévu (c'est arrivé), si problèmes de voix il y a, ils rappliquent à n'importe quelle heure pour nous faire travailler et modifier la composition des duos.

Côté « étiquettes », chacun de nous à la sienne. Et c'est sans doute grâce à elles que nous avons été retenus dans la cuvée 2004. Il y a la Lolita, le nerveux, la grande gueule... Sofiane et moi héritons pour le cinquième prime de celle de charmeur. Il y a pire, et puis ça nous donne l'occasion de chanter avec Dany Brillant, dans ce style jazzy que j'aime bien. Je suis assez fan du chanteur, et j'ai vraiment apprécié ses deux premiers albums. Ce soir-là, j'en profite pour massacrer devant des millions de gens le magnifique *Strangers in the night* à cause de mon accent anglais. Et pourtant, Michael Jones et Jasmine n'ont pas ménagé leurs efforts pour me faire travailler la prononciation.

Chaque prime nous offre son lot de bons souvenirs, mais c'est aussi le moment où l'un de nous quitte l'aventure. Cette semaine-là, je suis miné : exit Sébastien, mon pilier, mon frangin. Les adieux sur le plateau sont déchirants. Je perds un point de repère et pendant plusieurs jours j'ai le moral dans les chaussettes. Ma « petite famille du château » se rétrécit. Il y a encore Lucie, et quelques rares autres. Période de vaches maigres...

La grande angoisse chaque semaine, ce sont bien sûr les évaluations. Avec du recul, j'ai du mal à comprendre pourquoi nous nous prenons tellement la tête. Mais alors, pris dans l'action, sans doute un peu conditionnés, c'est vrai que c'est un moment redouté.

Le collège

Cours, contrôles, notes et appréciations. Le système volontairement scolaire de Star Academy me ramène des années en arrière. J'ai l'impression de me retrouver à tout juste onze ans, quand mon château de l'époque s'appelle collège, et que, à l'image de celui de Dammarie, il représente l'inconnu et la promesse d'un avenir meilleur.

Onze ans ! Un cap... J'ai toujours aimé me vieillir un peu. L'âge des premiers boutons, des premières vraies bêtises, des nouvelles rencontres. Et, bien sûr, l'année de l'entrée au collège.

Du collège, j'ai une peur bleue. Je me sentais tellement protégé dans l'univers rassurant de l'école primaire, et Mme Lemoigne, mon institutrice de CM2, m'avait tant chouchouté... C'est avec un mal au ventre légendaire que je franchis les grilles. Il faut dire que le collège Pasteur n'a pas très bonne réputation. Le quartier est classé ZEP, zone d'éducation prioritaire. Les ados qui le fréquentent ne sont pas les plus faciles ni les moins bagarreurs. J'ai un peu peur de me faire « casser la tête » par ces inconnus de troisième, ces grands qui m'impressionnent. Il y a aussi cette nouvelle organisation à laquelle il va falloir s'acclimater : ces nouvelles matières, ces contrôles, ces bulletins trimestriels, tous ces professeurs, ces grandes salles. Les deux heures de visite destinées à établir le contact avec notre nouvelle maison n'ont rien eu de rassurant, d'autant que nous avons été reçus par le plus redouté de tous : le principal. J'ai trouvé l'ambiance tendue, et plutôt horrible pour des gamins de notre âge.

Est-ce à cause de tous ces a priori, je dois dire que j'ai du mal à me faire à ma nouvelle vie. Huit heures-douze heures et quatorze heures-dix-sept heures, c'est beaucoup pour moi. J'ai complètement perdu de vue mes camarades de l'an dernier. Il y a au moins quatre classes de sixième pour cette rentrée 1991/1992. La mienne s'appelle la sixième Monteverdi. Ce qui me vaut le privilège d'être incollable sur le grand compositeur, mon professeur de musique nous l'ayant présenté avec force détails.

En ce début d'année, je fais plutôt figure de bon élève. Hélas, ça ne va pas durer.

Je suis de plus en plus préoccupé par l'état de santé de mon grand-père. Ce foutu cancer le ronge peu à peu. Depuis la rentrée, je le vois dépérir. Sa maigreur s'accentue chaque jour un peu plus. Les séjours au centre Baclesse de Caen se font de plus en plus fréquents. Un mercredi de mars 1992, trois mois avant la fin de l'année scolaire, à bout de forces, l'unique homme de ma vie va s'envoler pour toujours. Déçu ou effrayé par la gent masculine, il est le seul en qui j'aie confiance. J'aime les moments passés avec lui. J'aime le voir cuisiner, quand il prépare avec amour cette farce qui accompagne le poulet du dimanche. C'est son secret et notre régal. Je m'amuse à le regarder s'assoupir, après le repas, le menton appuyé sur les deux mains, pendant la lecture de son journal. Je nous revois parcourant les allées du marché aux bestiaux, moi tout petit au milieu de ces vaches impressionnantes, lui rassurant à mes côtés. Il y a aussi ces heures passées dans les allées du supermarché à se promener lentement, à tout observer, pour ne rapporter parfois qu'une ou deux bouteilles d'eau. Mais ce que je préfère, c'est lorsqu'il vient me chercher à l'école. C'est rare ; pourtant, si maman a une réunion ou un imprévu, il est là, une main dans la poche de son costume, toujours élégant, toujours doux.

Ça lui fait du bien de sortir, de voir du monde, de nouvelles têtes. Et aussi de saluer Mme Machin et M. Truc, de fumer son petit cigarillo ailleurs que chez lui, d'animer les réunions d'anciens combattants dont il fait partie.

Je me revois encore la veille de son départ. Je me suis assoupi sur le canapé, un peu grognon, un peu chiant. Depuis quelques semaines, c'est maman qui s'occupe de son père, qui le soigne, lui fait ses piqûres, et maintenant sa toilette. Elle a un courage impressionnant. Tous, nous voyons qu'il est à bout de forces, mais je reste convaincu qu'il ne peut pas partir. Il y a en lui quelque chose d'immortel. Peut-être le simple fait d'être mon grand-père.

Je sais que la morphine estompe ses douleurs, mais je n'imagine pas qu'elle va l'accompagner jusqu'au repos.

Ce mardi soir, donc, maman demande à Brigitte, sa sœur, de me raccompagner et de dormir à la maison, car elle ne rentrera pas. Elle reste au chevet de son père. Avant de la laisser, je vais dans la chambre, et j'embrasse Hippolyte. Un dernier baiser sur une joue squelettique. Mon héros, mon Papounet, va s'en aller dans quelques heures vers d'autres horizons. Guy, mon oncle, est venu lui aussi. Il a obtenu une permission spéciale pour quitter sa caserne de Castres. Tous ceux qui comptent pour lui sont là, ou pas bien loin.

Mercredi matin, je n'ai pas réalisé. C'est jour de repos pour moi, et avec ma tante nous allons retrouver maman. Nous apercevons de loin la fenêtre de sa chambre. Les volets en sont clos. Anormalement clos. Nous approchons pourtant de midi. Je ne peux détacher mon regard de cette fenêtre. Plus rien n'existe. Rien que ce vieux volet de bois blanc à la peinture écaillée. Ma tante sait peut-être... Mais je ne le pense pas. Dans la voiture, je glisse à Brigitte une phrase qu'elle n'entend même pas : « Les volets sont fermés à cause du soleil. » L'innocence d'un enfant de douze ans. Ou le début d'une angoisse qui ne fait que monter. Le hall d'entrée, l'interphone. Ma mère qui parle tout bas, comme pour n'effrayer personne. Les deux ascenseurs, la vieille porte en bois si lourde. Une odeur de papier d'Arménie, le silence... Et moi, un peu plus fragile, à ma mère, les yeux anormalement rougis, fatiguée :

— Pourquoi les volets sont fermés, maman?

— Parce que papy est parti...

Je veux le voir, lui dire au revoir. Mais j'ai peur. Je ne peux pas. Alors je lui effleure la main du bout des doigts. Il a enfin retrouvé cette sérénité, ce bien-être qui l'a toujours habité.

Le docteur passe. Le curé aussi. Je n'aime pas tout cela. Leur présence me gêne, elle dérange ma peine. Quelques mois après ma première rencontre avec la mort dans la misère des camps africains, je découvre une autre mort, plus douloureuse encore pour l'enfant que je suis que celle de ces enfants que j'ai vus partir.

Mon point de repère, ce point d'amarrage après ces quatre années de tempête bretonne, me manque déjà terriblement. Pendant des mois, j'ai cette impression étrange qu'il n'est pas complètement parti. Parfois, tout seul, en secret, je vais marcher dans les allées du cimetière. Je pose une main sur le marbre de sa tombe. Parfois une rose. Je suis sûr qu'il me voit, qu'il m'aide, m'encourage, m'applaudit, me guide. Je ne crois ni en Dieu ni en une vie après la mort. Je crois en lui. C'est tout.

Sclérose en plaques oblige, prisonnière de son fauteuil roulant, ma grand-mère ne peut rester seule. L'unique solution est de chercher un nouvel appartement où elle, ma tante, maman et moi habiterons ensemble. Nous le choisissons pas trop loin du collège, pour que je puisse être autonome. Ce sera plus pratique pour tout le monde. Nous allons y vivre tous les quatre pendant deux ans.

Je retourne en classe la semaine suivante. Les premiers jours, ma mère m'a gardé avec elle. Je n'ai plus envie de rien. Les profs le comprennent. Je ne réussis pas à retrouver ma joie de vivre. La fin de l'année scolaire me pèse, et mes résultats sont moyens. J'attends avec impatience la toute dernière fois où la sonnerie retentira, le moment où nous devrons rendre les livres et recouvrer notre liberté. Le conseil de classe décide que je passerai en cinquième. Même si la fin de l'année a été médiocre, je m'en suis globalement plutôt bien sorti. Et plutôt mieux qu'une bonne partie de la classe.

Le nouvel appartement est assez vaste, conçu pour les personnes à mobilité réduite. Il est situé à six cents mètres de chez nous, notre « vrai » appartement, celui où j'ai grandi et que nous gardons pour y revenir un jour. Nous avons donc tous posé nos valises dans ce nouveau lieu. Nous sommes là en transit. Nous savons tous qu'il faudra à un moment que Geneviève, ma grand-mère, intègre une maison de retraite. Mais pas maintenant. Il faut lui donner le temps. Qu'elle surmonte le choc de la disparition de mon grand-père. Qu'elle comprenne aussi que la vie seule, lorsque nous trois sommes absents, n'est pas possible. Et puis pas question pour nous de l'abandonner dans le premier établissement venu. Drôle de vie pour elle, dont la tête va si bien, mais que le corps a abandonnée. Il faut toujours être là. Lui préparer ses repas, l'emmener aux toilettes... Plusieurs fois, en revenant du collège, je la retrouve allongée par terre. Parfois tombée depuis un long moment, elle a attendu patiemment que quelqu'un rentre pour la relever. Avec mes petits bras je m'en sors plutôt bien. Et surtout maman et Brigitte me paraissent vraiment courageuses. Où puisent-elles ces forces pour réorganiser ainsi nos vies du jour au lendemain, et accepter sans se plaindre deux ans d'encéphalogramme plat côté projets personnels ?

Aujourd'hui, des années plus tard, toujours malade, mais l'esprit vif, mamy règne sur la maison de retraite saint-loise dont elle est devenue l'une des plus anciennes pensionnaires. Arrivée à l'ouverture de l'établissement, elle y est chez elle. Elle s'amourache de temps en temps de quelques petits vieux qui la font rire, et je crois qu'elle s'est reconstruit une vie paisible et rassurante.

Il n'y a pas grand-chose à dire de cet été-là. Un été à Saint-Lô, des journées qui s'écoulent lentement.

Cinquième Wagner ! Septembre est revenu, et avec lui le compositeur allemand, sa vie, son œuvre. Cette nouvelle année scolaire, c'est le début de ma petite révolution. Je commence à être à l'aise, à me construire une identité, à me forger un caractère. Et quel caractère ! J'ai envie d'exister, de me différencier. Ça va barder !

Pour commencer, je crois avoir trouvé un bon moyen pour qu'on me remarque. J'ai suivi avec attention, et un poil d'envie, l'aventure d'Aurore, une amie qui officie pour son plaisir sur Radio Manche, notre radio locale. Je l'ai souvent écoutée sur le poste de la cuisine chez mes grands-parents. Aurore et moi nous sommes rencontrés une ou deux années plus tôt, autour d'un même rêve : celui de chanter un jour. Travailler à la radio, c'est au moins un bon moyen d'écouter de la musique, et même peut-être de se rapprocher de ces artistes qu'on admire. Moi aussi, je suis très tenté par l'expérience. Seul handicap, j'ai quelques années de moins que mon amie, et suis loin d'être certain que l'on m'ouvre les portes avec autant de facilité. Pourtant, l'envie est forte, et un beau dimanche matin, de bonne heure, je décide maman à me conduire jusqu'au studio pour tenter ma chance.

Elle s'est garée juste devant le grand bâtiment rouge et m'a dit : « Tu es grand, tu te débrouilles ! »

C'est l'animateur qui vient m'ouvrir. Je le reconnais à ses premières paroles. C'est la voix de la radio. Il pense que je viens chercher un cadeau gagné lors d'un jeu, mais je secoue la tête en signe de négation. Et puis, rouge écarlate, je me jette à l'eau, et lui annonce tout de go que je viens humblement proposer mes services !

Thierry m'accueille très poliment et plutôt sérieusement, sans doute intrigué par le culot du gamin qui s'est assis en face de lui à la grande table rectangulaire du studio. Inévitablement, il me demande mon âge, et lorsque je lui réponds « treize ans », je vois une lueur d'amusement traverser son regard. Curieux de savoir qui je suis, il me pose des tonnes de questions. Je lui apprends que je rêve de travailler dans la musique et de devenir chanteur. Mais, avant cela et pour l'instant, de travailler à ses côtés. À cela il répond que ce que j'ai de mieux à faire, c'est de retourner à ma scolarité et de revenir dans quelques années. Peut-être n'a-t-il pas tout à fait tort, mais ce n'est pas pour ça que je suis venu, et j'insiste. Je veux bien faire n'importe quoi, donner un coup de main, répondre au téléphone... Alors Thierry, renonçant à me faire changer d'avis, me conseille de repasser dans la semaine pour rencontrer Dodgy. C'est l'« animateur-vedette » de la station, il fait les « disques à la demande ». Le principe est simple : les auditeurs appellent la station, choisissent le titre qu'ils veulent entendre, et laissent au standardiste un petit message pour un proche. Le tout est diffusé chaque soir de la semaine pendant deux heures. C'est donc Dodgy, de son vrai nom Hervé Février, qui me reçoit quelques jours plus tard, et m'embauche sur-le-champ : « Bienvenue dans l'équipe, mon petit gars ! Assieds-toi, prends des feuilles, un stylo, le téléphone, et c'est parti ! »

Me voilà donc intégré illico à l'équipe de Radio Manche. Je me pique au jeu, et gère au mieux les quelque deux cents appels qui arrivent chaque soir. L'émission est un vrai succès pour cette radio qui fête alors ses dix ans d'existence. Une belle réussite pour une petite radio indépendante, face aux géants de l'époque, qui s'imposent à grands coups d'affichage dans toutes les villes françaises. La bataille est d'autant plus rude et excitante qu'il y a en face de nous, à cette heure-là, des concurrents redoutables, puisque c'est la pleine époque du succès de « Love in Fun », l'émission animée par Doc et Difool.

Notre émission fonctionne bien, mais, au bout de quelques mois, j'ai envie d'un peu de renouveau. À force de regarder parler les autres, j'ai moi aussi l'envie de me lancer au micro. Dodgy, lui-même autodidacte et n'ayant peur de rien, m'autorise à lire quelques dédicaces à l'antenne. Passer sur les ondes, quel bonheur ! N'ayant pas la langue dans ma poche, je deviens assez rapidement le petit comique de service, l'insolent qui n'hésite pas à se montrer un peu acide lorsqu'il s'adresse aux auditeurs. Quand je réécoute aujourd'hui les cassettes de l'époque, je dois dire que je me trouve très mauvais, et puis je suis saisi par le timbre de ma voix. Je n'ai pas encore mué, et on pourrait penser que c'est une jeune fille qui est à l'antenne. À vrai dire, tout cela n'est pas extraordinaire, mais qu'est-ce qu'on se marre ! Sur les platines, les tubes du moment tournent toute la journée. C'est la grande époque « dance ». On écoute Ace of Base, *Happy nation*, Freddy Mercury, *Living on my own*, et aussi Capella, Dr Alban, Scatman...

Chaque soir, j'attends avec impatience la sonnerie de fin des cours, à dix-sept heures, pour aller retrouver la bande de mes nouveaux amis dans les studios de la radio, au bord de la Vire. Et plus le temps passe, moins je me soucie des cours. Ma mère laisse faire, pensant que je travaille malgré tout plutôt bien et que je continue à respecter le pacte que nous avons conclu tous les deux : les devoirs avant tout. Et elle se prête de bonne grâce au petit jeu des navettes entre l'appartement à un bout de la ville, et les locaux de la radio à l'autre. Peut-être aussi ne dit-elle trop rien, parfaitement consciente du contexte familial, et de mon besoin de m'évader vers plus de légèreté.

Il fallait bien que les choses se gâtent à un moment ou à un autre. Les premiers bulletins de notes critiques font leur apparition. « En étonnante baisse ce trimestre », « Il faut se ressaisir », « Notes inquiétantes ». En plus d'avoir la tête ailleurs, je deviens un vrai loubard. Ou presque ! Mon aisance au micro devient une aisance dans la vie. Mon insolence aussi. C'est l'époque du non à tout, de la revendication systématique. Pour un rien j'ai le poing levé, une sorte de « syndicaliste du lycée ». J'ai l'impression que je dois faire évoluer les choses, que l'école doit changer. D'ailleurs, je crois bien avoir été délégué de classe au moins trois fois sur mes quatre années de collège.

En voyant la fin de l'année arriver, je me dis qu'il est temps de me ressaisir et qu'il n'est pas question de se louper au moment du passage dans la classe supérieure. Sans vraiment redoubler d'effort, en prêtant juste un peu plus d'attention aux cours de mes chers professeurs, je réussis à reprendre un peu pied. Maman arbore fièrement mon dernier bulletin scolaire. Je termine l'année en beauté : « Mathieu a changé d'attitude, s'est calmé et s'est mis au travail. Admis en classe de quatrième. » Ouf !

L'année suivante commence sur les chapeaux de roues : par une bonne claque administrée à un cinquième que je surprends en train d'écrire sur le bois du self « Mathieu est un con ». Il ne l'a pas volée ! Il faut dire que la radio et l'émission que j'anime font beaucoup parler, et éveillent quelques jalousies. Et je dois bien avouer que je m'en vante un peu aussi... Finalement, l'incident ne va pas plus loin, le gamin ne disant rien de ce qui s'est passé – les pions ne sont jamais au bon endroit ! – et allant même jusqu'à me présenter ses excuses. Je pense l'avoir légèrement effrayé. Je ne suis pourtant pas bien costaud, plutôt frêle même. Mais je dépasse désormais tout le monde d'une bonne tête, ce qui me complexe déjà. Et puis j'ai le visage ravagé par l'acné. Qui sait, c'est peut-être ça qui l'a impressionné. Toujours est-il que j'échappe à ce qui aurait été ma première colle. J'accorde volontiers aux rares amis que je revois encore de cette époque (qu'est-ce qu'on a changé depuis !) que je me la racontais un peu. De nouveau, mon premier bulletin de quatrième est ponctué de remarques sur mon attitude. « S'occupe de ce qui ne le regarde pas », déclare mon prof de sciences, approuvé par ma prof de maths : « Mathieu devrait s'occuper de lui avant de s'occuper des autres. » Oui, j'étais grande gueule et manquais de « jugeote ». J'espère avoir été excusé depuis.

Si mes semaines sont bien remplies, entre les cours et la radio, le week-end est pour moi triste à mourir. Pour m'occuper, maman a finalement accepté de m'inscrire aux cours du Cirque du Docteur Paradi, une compagnie installée depuis quelque temps à Saint-Lô. C'est là, entouré de professionnels, que j'apprends le jonglage, le trapèze. Pendant que mes camarades trafiquent leurs mobylettes, démontent les pots d'échappement, moi je rêve auprès de la troupe et goûte aux plaisirs de la scène. Je suis fier d'apprendre avec eux, vêtu d'un collant noir et de grosses chaussettes, chaque samedi après-midi. Objectivement, je ne suis pourtant pas très doué. Au trapèze, mon corps trop long me met mal à l'aise. Ces jambes interminables, ces bras hors norme... Quant au jonglage, n'en parlons pas. Je passe plus de temps à ramasser les balles qu'à les faire s'envoler. Et pourtant Régine et Jean-Christophe, les créateurs de la troupe, m'ont beaucoup apporté, sans trop le savoir, je pense. Avec eux je me défoule et, quand je rentre à la maison, je me sens plus en accord avec moi-même.

Deuxième trimestre... correct ! Je me suis fait une raison. Il ne serait pas raisonnable de descendre en dessous de la moyenne. Je fais donc en sorte d'avoir au moins dix sur vingt dans chacune des matières. Et puis j'ai un peu plus de temps, puisque je suis provisoirement écarté de l'antenne de Radio Manche pour avoir « dérapé ». Ce soir-là, une jeune fille me « dragouille » en direct, et insiste pour me donner rendez-vous dans un supermarché du quartier. Je l'éconduis sans plus de manière, lui dis qu'elle ne m'intéresse pas, que je la trouve un peu niaise, et puis que son supermarché est pourri ! C'est oublier que, dans une radio commerciale vivant des recettes publicitaires, un supermarché ne peut pas être pourri ! Surtout s'il assure une partie des rentrées financières de la station. La gaffe me vaut de jolis reproches de la part de Ludovic, le commercial de la station. Bien sûr que ce magasin n'est pas plus pourri qu'un autre. Quoi que... Le surlendemain, je suis donc écarté de l'antenne et me vois dans l'obligation de présenter mes excuses au directeur et à l'équipe. Un dérapage qui peut paraître bien anodin comparé à ce que l'on entend alors sur les libres antennes des réseaux nationaux, mais qui m'apprend qu'à la radio il faut réfléchir un minimum avant de parler...

Me voilà donc avec tout le temps nécessaire pour plonger le nez dans mes cahiers, et c'est tant mieux car, lorsqu'en juin tombe le verdict, je l'ai échappé belle : « Admis en troisième avec beaucoup de réserves ».

C'est logiquement la dernière ligne droite, la dernière année de collège si je m'en sors bien. Je m'éloigne un peu plus encore de la radio, las de faire toujours la même chose, après avoir proposé quelques projets plus personnels comme animateur à part entière. On m'essaie comme chroniqueur dans un talk-show enregistré en public, intitulé « On n'est pas des manchots », en clin d'œil au département où nous sommes installés, et orchestré par un joyeux luron du nom d'Emmanuel Chaunu. Le concept est ambitieux, mais un peu osé et en décalage avec la ligne éditoriale du groupe de presse dont nous dépendons. L'émission s'arrête au bout de quatre numéros. Je suis déçu, mais déjà j'ai d'autres envies.

C'est la musique qui me démange. Je fouille dans les vinyles de maman et je découvre Montand, Lama, Bourvil. Je retrouve aussi les chansons de Julos Beaucarne que j'ai déjà écoutées. Je m'enferme dans ma bulle musicale. Très loin de ceux de mes camarades de classe, mes goûts se tournent de plus en plus vers la chanson. J'apprends à m'intéresser à des artistes moins commerciaux : Kent, Higelin, Enzo Enzo. Je commence à chanter un peu aussi. J'ai deux chansons fétiches, mes « chansons cultes » : *J'veux du soleil,* de Au P'tit Bonheur, et *Le Bal des oiseaux,* de Thomas Fersen. Ma mère est assez contente que je cultive ma différence. Mais ce n'est pas tant par goût de la différence que ces choix-là s'imposent à moi, que par véritable passion pour les beaux textes. Je me sens plus proche de Barbara ou de Gilles Vigneault que de Nirvana ou de Lenny Kravitz.

Ma période radio s'éloigne peu à peu. La passion de la chanson me dévore maintenant, ne laissant guère de place pour le reste, c'est-à-dire ma scolarité. Je me dis que j'ai toute la vie pour apprendre, que l'histoire de

France, c'est intéressant, mais que j'ai mieux à faire maintenant. Je pense qu'on me fait perdre mon temps. En cours, je ne suis plus rien et, pendant les contrôles, je copie avec son accord sur Pierre, mon voisin, qui par ailleurs présente l'avantage d'être déjà un excellent guitariste.

C'est sûr, je n'aime plus l'école. Je n'y ai plus goût. Les professeurs m'ennuient, à l'exception de l'un d'eux. Il s'appelle Daniel Bauduin. Il est prof de français. C'est un petit monsieur passionnant et passionné, qui sait transmettre à merveille. J'aime l'écouter, me laisser entraîner avec lui et découvrir le bonheur des mots. C'est à lui que je dois d'avoir lu ce qui restera toute ma vie mon livre de chevet : *L'Ami retrouvé*, de Fred Uhlman. En écoutant ce prof-là, j'ai envie de me jeter tête la première dans les livres. Il me fait penser à Mr. Keating, ce professeur brillamment interprété par Robin Williams dans *Le Cercle des poètes disparus*. Lui aussi, comme le héros de cinéma, m'a appris « l'amour de la vie, le désir d'exprimer sans contrainte tout son potentiel ». Le film a reçu un oscar. Ce prof en mérite un lui aussi. Un claquement de doigts qui résonne, des attitudes à la Luchini, et des débats improvisés qui remplacent parfois le cours prévu. Il a ce quelque chose de différent, cette petite flamme qui donne envie d'en savoir plus, d'en profiter encore.

Et puis il y a ce jour où nous arrivons tous en cours avec au revers de nos blousons le petit ruban rouge, symbole de la toute récente campagne de lutte contre le sida. C'est la grande époque du Sidaction, et de l'ultramédiatisation – regrettée ! – du sida et de ses causes. Nous n'avons prêté que peu d'attention à ce cours extrascolaire, alors bien peu préoccupés par l'amour et très certainement encore tous vierges, et pour un certain temps. Mais nous arborons quand même fièrement nos petits bouts de tissu rouge. Notre prof de français, très observateur, le remarque aussitôt.

Il nous interpelle, l'air agacé :

— Que faites-vous tous avec ces rubans accrochés à vos pulls et vos blousons ? Je vous demande de les enlever.

Nous restons interloqués, un peu scandalisés. Et bien sûr nous protestons. Après un silence, il reprend :

— Un seul ici, dans cette classe, est-il capable de m'expliquer ce que signifie précisément ce symbole ? Vous le portez tous parce que c'est à la mode, comme on porte des baskets Adidas ou des Nike.

Moi qui le pensais fou sur le coup, je me rends compte qu'il a raison, et nous avons l'air plutôt idiots. À part lui répondre que nous aussi on soutient les actions contre le sida, que cela nous encourage à nous protéger...

Merci de nous avoir appris ce jour-là à ne pas subir un mouvement comme une mode, à ne pas s'engager sans savoir. Merci de nous avoir appris à apprendre, à comprendre. Lorsque ses explications sont terminées et que retentit la sonnerie, il nous demande de rester assis. Puis il enfile sa veste. Au revers, nous découvrons le petit ruban rouge. Il nous sourit et ajoute :

— Maintenant, vous aussi vous êtes capables de l'expliquer.

Puis il quitte la classe le premier, tout en vissant son béret vert sur sa tête.

M. Bauduin, lui, croit à mon destin de chanteur, ou en tout cas d'artiste. Et pourtant il ne m'épargne pas, et ne manque jamais une occasion de m'épingler. Auprès de maman, il tempère, disant que je suis « très intelligent, mais le roi des fainéants », à part peut-être pendant ses cours. Ça la rassure un peu. Et l'agace sûrement beaucoup. Mais il a raison. Il touche le point faible en écrivant sur mon bulletin de notes : « Vos moyennes ne sont pas dignes de quelqu'un qui pense à un métier artistique. » Il est le seul à m'attaquer sur ce terrain, qui relève pour les autres du rêve, ou plutôt du fantasme. Un caprice d'enfant que de répéter à qui veut l'entendre : « Je serai chanteur. » Ils me voient plutôt vendeur de machines à laver ou garagiste. Des métiers ô combien respectables mais qui ne me ressemblent pas. Alors je revendique. Et on me dit prétentieux. Mais faut-il laisser passer ses rêves ? Je ne me pose même pas la question.

Laisser passer l'école, par contre, me dérange bien moins. Je prends donc le parti de laisser filer tout cela. Je sais que maman compte sur moi pour avoir « au moins » mon brevet des collèges. Mais après ? Je me souviens de la réaction de l'équipe pédagogique chargée de mon orientation lorsque je leur ai répondu : « Je veux être chanteur. » Alors, que faire l'année prochaine ? Entrer dans le monde du travail ? Je n'ai pas encore seize ans, c'est impossible. La tension monte d'un cran en ce mois de mai 1995. Je m'étale au brevet. Je n'ai même pas mis les pieds à l'épreuve de maths. Je déteste cette matière. Résultat : un zéro, qui, s'additionnant aux autres notes, ne permet pas d'envisager autre chose que le redoublement.

Avec maman, on discute beaucoup sur l'utilité de refaire une année. Elle ne voit pas bien où cela va me mener. Elle s'inquiète aussi de savoir ce que je vais faire. Elle ne peut pas imaginer de devoir tenir la route seule financièrement avec un fils qui attend sans rien faire à la maison. Elle a raison. Mais je n'ai pas non plus le tempérament d'un glandeur et j'ai d'autres ambitions. Je dois me rendre à l'évidence, ces quatre années de collège ont été plutôt moyennes, et il est temps que je redresse la barre. Si seulement mon rêve pouvait s'exaucer, si seulement je pouvais chanter. Mais, pour cela, il faudrait au moins que l'on puisse m'entendre.

C'est décidé, donc, je quitte le collège. Fin d'une époque, finie la radio, finis les cours !

Passionné par les artistes, achetant des revues spécialisées comme *Chorus* ou *Platine*, je fais la connaissance du patron du « Domaine du disque » à Saint-Lô. Son magasin est mon paradis, l'endroit où je viens rêver lorsque ma mère fait ses courses au supermarché. Situé dans la galerie commerciale, j'y passe de longs moments à discuter avec les vendeurs, à regarder les rayons, à fouiller, à découvrir de nouveaux artistes sur les bornes d'écoute. C'est là qu'un jour germe une nouvelle idée : et si moi aussi je travaillais ici, au milieu de la musique. Je parle à maman de ma nouvelle envie. L'idée lui paraît intéressante, mais elle me rappelle que je n'ai pas seize ans. Et puis je n'ai aucun bagage en poche et tout cela lui semble bien incertain. « Tout cela », pour elle, c'est tout ce que je tente sans jamais réussir : ces concours de chant que je fais et que je perds, ces démarches auprès d'organisateurs de concerts. Elle a même accepté que je participe au tremplin du « Chorus des Hauts-de-Seine », qui est déjà à l'époque un festival « qui compte ». À chaque fois, avec mon répertoire constitué de reprises, c'est le même échec. On me reçoit toujours, mais on me laisse trop vite repartir !

Nous discutons énormément de mon avenir. Dans ma tête, il est tout tracé. Dans la réalité, c'est le flou le plus total. L'urgence est de chercher *la* bonne idée qui à court terme va me permettre de prolonger un peu ma scolarité. Cette bonne idée, c'est la conseillère d'orientation du collège qui la déniche. D'après elle, il faut trouver une combine pour convaincre ce disquaire chez qui je passe des heures et la Chambre de commerce de me laisser entamer un « BEP VAM ». C'est comme ça qu'elle me l'annonce. Je fais les yeux ronds. Ma mère aussi. Elle décode donc :

— Un Brevet d'études professionnelles Vente action marchande. Certes, vous vous retrouverez avec des gens qui ont pour ambition d'être vendeurs et uniquement vendeurs, mais, en l'état actuel des choses, je ne vois pas réellement d'autre solution.

À vrai dire, nous non plus. Au moins nous tenons une piste. Reste à persuader tous ces gens. Et c'est une autre paire de manches... On commence par la Chambre de commerce. Je prends rendez-vous, et c'est le directeur lui-même qui me reçoit. Il cerne vite qui je suis, et quelles sont mes ambitions. J'ai décidé de jouer franc jeu avec lui :

— L'apprentissage ne m'intéresse que s'il se déroule dans le milieu du disque.

Jean-Michel Lesot, le patron du Domaine du disque, est formidable avec moi. Il étudie la proposition très sérieusement. A priori, il ne cherche personne et n'a pas besoin de jouer les formateurs. Je lui demande de devenir son apprenti ! Comme on devient apprenti cuisinier ou apprenti mécanicien. Je veux être apprenti disquaire. Enfin, c'est comme ça que je voudrais qu'on m'appelle.

J'attends une semaine, et il me téléphone :

— Viens avec ta mère, on va signer les contrats.

C'est la phrase dont j'ai rêvé. Je vais pouvoir passer mes journées dans le magasin, écouter de la musique trois semaines par mois, aller une semaine en cours, puis à nouveau découvrir ces milliers de disques, un par un.

Je vais réussir à éviter et le redoublement et le lycée. Je vais travailler dans la musique. Pour être chanteur, sortir des disques à moi un jour, quoi de mieux que de pénétrer le système de l'intérieur ?

Je suis vraiment motivé, et très vite je gagne la confiance de Jean-Michel et de sa femme, Sylvie. Avec Emmanuel, j'apprends à organiser un rayon, à mettre en place les « facings », les disques mis en avant au moment de leur sortie. Il m'ouvre aussi l'esprit sur d'autres musiques. C'est un fondu de rock et de jazz, un mordu de Chet Baker. Il ne manque jamais une émission de Bernard Lenoir sur France-Inter et, chaque fois qu'il le peut, l'enregistre et diffuse la cassette dans le magasin. Il y puise souvent des idées, et commande ce qu'il a entendu à la radio. Ce que la clientèle « pop », nombreuse à Saint-Lô, apprécie. On peut venir ici pour écouter de nouveaux albums, et des artistes intéressants. C'est au Domaine du disque que je prends aussi conscience de la réalité du difficile métier de disquaire indépendant. Déjà, le marché du disque se porte moyennement, et surtout la concurrence des grandes surfaces déséquilibre le marché. Ce sont les premières apparitions d'« espaces culturels » dans la grande distribution. Ici, la force du magasin, ce sont ses choix artistiques, ses goûts, tous ces rayons remplis de disques d'autres artistes, différents, parfois marginaux.

Très rapidement, Jean-Michel devient plus qu'un patron, presque un ami. On discute de tout, on rigole ensemble, on se raconte des anecdotes. Lui et moi avons un point commun : à l'école, nous avions plutôt un bon niveau, mais un caractère de cochon ! Deux teignes...

C'est sûrement pour ça aussi que je suis là et qu'il m'a pris sous son aile. Ma passion pour la chanson française le conduit à pousser la confiance jusqu'à me laisser m'occuper de ce rayon. Je viens de découvrir Mano Solo, *La Marmaille nue*. J'ai flashé sur la voix, les textes, cette souffrance, cette force. L'artiste est complètement inconnu mais chante avec ses tripes. Le réseau « Starter » auquel nous appartenons, et qui réunit déjà quelques disquaires indépendants, a monté une opération spéciale « Coup de cœur ». L'engagement de chaque magasin auprès de la maison de disques est de mettre en place quinze exemplaires de l'album. Le talent de ce type est immense, il faut prendre des risques sur ce projet. Je demande à Jean-Michel d'en commander cinquante. Il me regarde comme on regarde un Martien, mais ajoute : « O.K., t'as intérêt à les vendre ! »

Nous recevons donc les cinquante albums, et un à un je les vends. Je suis tellement fier de faire connaître mon coup de cœur.

Comme pour Mano Solo, nous devenons les plus grands vendeurs de disques différents : Julos Beaucarne, que j'aime tant, Ange, Graeme Allwright, Pascal Mathieu, Juliette, La Tordue... Les habitués du magasin commencent à me demander conseil, et je prends un vrai plaisir à leur parler d'inconnus ou de jeunes artistes en mal de promotion. J'ai quinze ans et déjà un tel amour de la chanson.

L'apprentissage a un bon côté : il est rémunéré. Avec les mille cinq cents francs que j'empoche chaque mois, je peux faire des cadeaux et m'offrir quelques petits trucs. Il a en revanche un inconvénient : la semaine passée en cours tous les mois. Plus ça va, et plus j'ai l'impression d'y perdre mon temps. Les professeurs y sont plutôt sympathiques, mais à longueur de journée parlent d'arguments de vente pour telle ou telle machine à laver, ou nous apprennent à faire des paquets-cadeaux. Je décide d'abandonner le BEP VAM et le Centre de formation des apprentis au bout d'une année. Je n'y suis pas dans mon élément.

Jean-Michel, hélas, n'a pas les moyens de me garder comme vendeur. Et puis nos rapports se sont dégradés. Son entourage lui reproche d'être trop « copain » avec moi. C'est vrai qu'il n'est pas très à cheval sur les horaires. Il vient me chercher à la maison le matin, partage son « quatre heures » avec moi. Nous nous séparons donc quelque temps, mais avec d'autres idées communes en tête.

D'autres idées, peut-être, mais, en attendant, maman s'inquiète une nouvelle fois. C'est à contrecœur qu'elle signe la rupture de contrat. Elle ne peut pas y arriver si je ne gagne pas ma vie. J'ai quitté l'école, abandonné l'apprentissage. Elle me met la pression pour que j'avance. Elle a raison. Et en même temps je sais qu'au fond elle a confiance en moi. Elle me met en garde notamment sur le montant des prochaines factures téléphoniques. Ne t'inquiète pas, maman, je ne resterai pas longtemps sans rien faire.

Ce que j'admire chez Jean-Michel, c'est son ambition. Toujours envie d'avancer, d'aller plus loin. Son dernier projet est de changer d'enseigne et d'agrandir la boutique. En un rien de temps, le Domaine du disque devient Planet' R. Aux disques, il ajoute les livres. C'est un fou de lecture, et c'était son rêve. Et il y a maintenant un point multimédia avec quelques ordinateurs. Dans son projet, il y a aussi l'interactivité avec le public. Jean-Michel a une idée : créer l'événement en invitant régulièrement des artistes à dédicacer leurs disques. Pour cela, il fait appel à mes services. Il me fait confiance, et sait que je saurai convaincre. À moi donc de décrocher le téléphone et de dénicher ceux qui viendront jusqu'à Saint-Lô pour rencontrer leur public. Je dois à la fois trouver des artistes très populaires, et proposer des découvertes de nouveaux venus. Pour mon coup d'essai, je frappe dans la première catégorie : un jeune éphèbe tout droit sorti d'une série télé d'AB Productions, qui se prend pour un chanteur et vient d'enregistrer un disque. Des centaines de personnes se précipitent aux portes du magasin pour apercevoir la jeune vedette. Parmi les inconnus du moment, je contacte aussi mes préférés, qui répondent présents. C'est ainsi que Miossec, Lamifa ou encore Dominique A viennent pour une journée à Saint-Lô. Pour eux, pas de bain de foule, seulement le passage au magasin de quelques passionnés de chanson qui veulent en savoir plus. Petit à petit, pourtant, la réputation du magasin et de ces journées attire un public de fidèles qui prend plaisir à venir découvrir et connaître de plus près ces nouveaux artistes.

Ces journées sont aussi des moments privilégiés pour moi. Je goûte au plaisir de voir de plus près ces chanteurs qui me font rêver et que j'envie tellement. C'est en voisin que Dominique A débarque un jour à Saint-Lô. Une aubaine pour nous, sa dernière chanson, *Le Twenty-two Bar*, fait un carton à la radio, et le clip tourne en boucle sur M6. Le midi, nous nous retrouvons en toute simplicité autour d'une pizza, à la maison. Il nous raconte son parcours, la difficulté à percer dans ce métier, le plaisir des heures passées en studio. L'après-midi, la séance de dédicaces remporte un beau succès.

Ce nouveau job me permet de gagner un peu ma vie. Éliane est rassurée et me laisse rêvasser. Un jour, elle m'offre même une guitare. Beau cadeau pour un futur chanteur. Elle m'inscrit par la même occasion à un cours, mais décidément je ne suis pas fait pour la contrainte. Au bout de quatre séances, j'abandonne, et décide que j'apprendrai seul. La musique, j'en ferai quand j'en ai envie. Ça ne sera pas une immense réussite, mais je ne veux pas apprendre avec un professeur. Maintenant que je n'ai plus à subir le stress des notes, des bulletins trimestriels, je ne veux pas m'obliger à rentrer de nouveau dans ce système.

Entre deux séances de dédicaces, j'ai du temps à perdre. À la maison, je réécoute les quarante-cinq tours un par un. C'est comme ça que je retombe sur celui d'un ami de maman, François Lemonnier. Je ne l'ai jamais vraiment écouté. C'est une révélation. Je deviens amoureux fou de l'univers de ce type. Ce disque, il nous l'a offert un soir où avec ma mère nous sommes allés l'applaudir en concert dans une petite salle de la région. Elle et lui se connaissent bien. Ils ont un peu grandi ensemble dans leur village de Saint-Sauveur-Lendelin. Sous le charme, je presse maman de m'en dire plus sur François, et lui demande de reprendre contact avec lui. Dans ma tête germe une idée : lui demander de m'écrire des chansons. C'est donc comme ça qu'un jour nous débarquons tous les deux chez François, un quadragénaire brun, à la fois simple et chaleureux. Là, dans une pièce à l'acoustique parfaite avec au mur des guitares plus belles les unes que les autres, il interprète rien que pour nous plusieurs de ses chansons. Je lui parle de mon rêve, et il m'écoute attentivement. Et nous repartons avec une promesse : je vais bientôt recevoir des chansons, écrites uniquement pour moi. À l'horizon, mais je ne le sais pas encore, mon tout premier disque.

En fait, maman tient absolument à ce que j'aie entre les mains une carte de visite. Quelque chose qui puisse rendre ce gamin que je suis un peu crédible. Et le disque lui semble la meilleure solution. C'est ainsi que sort *À fleur de peau*, mon premier single, autoproduit, le jour de mon anniversaire. Quel cadeau !

L'enregistrement a été programmé dans un petit studio de la région. Mon oncle nous prête l'argent nécessaire et maman le lui rendra lorsqu'elle aura vendu assez d'exemplaires. Au piano, il y a mon ami David Houel. C'est un jeune musicien de tout juste vingt ans, excellent, et que mon enthousiasme de jeune chien fou a emballé. L'ambiance est légèrement jazzy, plutôt atypique pour un garçon de seize ans. Il faut dire que je suis très influencé par Thomas Fersen et ses deux albums que j'écoute en boucle. Mon nom de scène est tout trouvé, je m'appelle désormais « Matieu ».

Me voilà donc avec mon premier disque entre les mains, et cette impression sérieuse que mon rêve va enfin pouvoir devenir réalité. Éliane aussi y croit, et c'est une chance extraordinaire pour moi. À mes côtés, elle est à la fois le manager, l'attachée de presse, la commerciale. Et surtout la maman. Elle me fabrique un vrai « planning promo » pour la sortie. Les radios locales jouent formidablement le jeu. La presse locale aussi parle de mon disque et je donne mes premières interviews. Je n'ai pas la langue dans ma poche, et j'ai l'impression que mon assurance amuse et séduit. Il me manque encore la télévision. Je connais cette séquence du « Hit Machine » qui donne sa chance aux jeunes artistes. Ça me semble assez inaccessible, mais je décide d'essayer, et j'envoie mon CD.

Quelque temps plus tard, Catherine Jacob, qui anime cette partie d'émission appelée « Génération Hit », me contacte et me fixe une date d'enregistrement. Je jubile. Très excité par cette nouvelle aventure, j'emmène avec moi quelques amis musiciens, et nous nous retrouvons à Paris, à la Maison de la Radio, pour y enregistrer ma toute première télé ! Charly et Lulu sont là. Beaux joueurs, ils me prodiguent tous les conseils de base pour que ma prestation soit à la hauteur. Ils m'expliquent comment me tenir, quelle caméra regarder. Dans les couloirs, je croise Marc Lavoine, Aerosmith, les frères Hanson, les Spice Girls, qui sont à l'affiche de l'émission. Je suis terriblement intimidé, mais heureux. Je me sens dans mon élément, et encore un peu plus convaincu que j'ai trouvé ma voie. Ici, j'aime tout. Ce que je vois, ce que j'entends, ce que je vis. Le maquillage, l'odeur des spots, cette fourmilière... Catherine m'a donné ma chance. Je ne l'oublierai jamais.

De retour à Saint-Lô, je reçois pas mal de courrier. On ne me regarde plus tout à fait comme avant. Ma prestation a marqué, même si mon répertoire ne correspondait pas du tout au style de l'émission. J'ai maintenant un peu plus les honneurs de la presse locale. *Ouest-France* me consacre même un article en dernière page, toutes éditions confondues. Effet boule de neige, cette médiatisation conduit la rédactrice de l'émission « La grande famille » à s'intéresser à moi. Et je me retrouve quelque temps après sur le plateau, en compagnie d'Alexandre Devoise et de Philippe Vecchi, dont l'émission du jour a pour thème « Je veux devenir une star ». Je leur explique que devenir une star en soi ne m'intéresse pas tant. Que l'essentiel pour moi est de vivre ma passion. Que c'est mon objectif, ma raison de vivre, et que pour ça je n'hésite pas à me mettre à moi-même quelques coups de pied au cul ! À la fin de l'émission, l'équipe me félicite. Ma spontanéité et ma détermination leur ont plu, à tel point que, quelques mois plus tard, ils m'invitent à nouveau, me demandant ce que m'a apporté le passage dans l'émission. À vrai dire, ça m'a apporté pas mal de choses. Encore des lettres, mais aussi un peu d'argent, grâce à plusieurs singles commandés, et des contacts avec quelques producteurs. Ces contacts n'aboutiront pas, mais ce n'est pas très grave. L'essentiel pour moi est de me faire remarquer et d'entamer un vrai travail. Une nouvelle fois, la presse locale se régale et s'amuse de voir que le petit « Manchois » que je suis monte à la capitale pour parler de ses rêves. En ville, on me regarde aussi avec le sourire. Un sourire parfois un peu goguenard. Beaucoup ont du mal à comprendre ma démarche. Pour la plupart, je suis un môme qui se raconte des histoires et y croit. Ce regard des autres me fait souffrir. Probable qu'on n'a pas le droit, quand on est un gamin de province, de sortir du lot pour suivre ses aspirations. Pas facile d'essuyer ces moqueries, mais ces ondes négatives que certains m'envoient me donnent encore plus la rage d'y arriver. Je veux transformer tout cela en énergie positive. Le millier de disques pressés est vendu. Ma mère pourra rembourser. Opération réussie.

Avec David, mon complice pianiste, nous formons maintenant un duo inséparable dont je suis le chanteur. Ensemble, nous démarchons toutes les salles de la région. J'envoie un petit mot à chaque directeur de théâtre, de lieu de spectacle. Et certains répondent présents. Il y a aussi les festivals et les concerts dont nous assurons la première partie. À Cherbourg, Caen, Saint-Lô ou Coutances, nous partageons le public de Thomas Fersen, Louis Chédid, Julos Beaucarne, Philippe Lafontaine, Véronique Rivière, ou encore des Garçons Bouchers. Autant de rencontres magiques, autant d'occasions d'apprendre encore, et de progresser. Les articles de presse, plutôt élogieux, s'accumulent et me permettent d'avoir maintenant un joli press-book. Je l'utilise pour démarcher d'autres lieux, d'autres concerts. Je comprends que dans ce métier tout doit s'enchaîner. Que rien ne doit être laissé au hasard, et que travail et succès sont souvent liés. Je ne relâche pas mon effort. J'aime être sur scène, devant un public. J'aime être derrière, à préparer, à penser, à rêver encore ce que sera demain. Au total, de bars en théâtres, de concours en galas, avant ma participation à Star Academy, j'aurai eu le privilège de monter deux cents fois sur scène. Ma vraie école est là, entouré de mes amis musiciens normands, que j'espère pouvoir garder à mes côtés aussi longtemps qu'on me laissera brûler les planches. Comme le dit le poète et ami François Lemonnier : « On replantera le bois pour en faire des branches. »

Depuis longtemps, je sais que poursuivre dans ce métier, c'est accepter de partir un jour. Paris me semble le lieu incontournable pour l'épanouissement d'une carrière. Je sais que c'est là-bas que se trouvent les portes qu'il faut pousser. Et puis j'ai dû bien souvent m'habituer aux remarques et aux critiques de mes concitoyens saint-lois. Nul n'est prophète en son pays. Et j'ai vraiment l'impression que, pour bon nombre de ceux que je côtoie au quotidien, tout ce que je fais est nul. C'est ainsi que je le ressens et c'est difficile.

Ma première visite à Paris, je la dois à une rencontre. Les deux premières personnes qui m'aient fait confiance sont deux idoles de mon enfance. Comme des millions d'autres gamins, j'étais alors un fan de la bande à Dorothée. Ariane Carletti et Rémy Sarrazin en faisaient partie. C'est avec Rémy, ex-chanteur des Musclés, que j'ai d'abord fait connaissance. Il est venu à Saint-Lô accompagner un de ses jeunes poulains, chanteur-comédien dans une sitcom de AB Productions, dont j'ai déjà eu l'occasion de parler. C'était pour ma première séance de dédicaces au Domaine du disque. Je me dis que c'est le moment de le recontacter. Quelque temps plus tôt, je lui avais tout confié de mon envie de chanter, et c'est très gentiment qu'avec son amie Ariane, la petite brune au joli minois présentatrice du Club Dorothée, il m'accueille quelques jours à Paris. Le premier soir, nous parlons beaucoup. Je leur raconte ma vie, de long en large, et mon inquiétude du moment, partagée avec ma mère : gagner ma vie. Ariane, généreuse, me propose de faire quelques figurations dans des sitcoms du groupe AB. C'est elle aussi qui un jour me suggère d'aller plus loin. Elle a pour moi un rôle dans la sitcom du boys band qui à l'époque fait un malheur : les 2Be3. C'est un véritable phénomène de société.

Je ne suis qu'à moitié convaincu. La comédie, ce n'est pas trop mon truc. Et dans ce contexte-là, encore moins. Et puis je n'ai aucune habitude des plateaux de tournage, des textes appris par cœur. Cependant, je suis conscient qu'Ariane me fait une sacrée fleur. Je ne peux pas la décevoir.

Tout ça peut faire sourire. Il n'y a pourtant pas vraiment de quoi. Sans cautionner leur musique, je dois reconnaître qu'Adel, Filip et Franck, les trois garçons du groupe, sont des acharnés du travail. Sept heures-deux heures du matin, pendant un mois et demi. Un rythme nouveau et impressionnant pour moi qui découvre les coulisses d'un tournage. Quelle chance !

J'avoue ne pas être fier de ma prestation. On en rit encore aujourd'hui avec Ariane, lorsqu'on évoque ces moments-là. Le réalisateur m'a un peu pris en grippe. Je me souviens de lui braillant comme un âne sur le plateau et demandant : « Quel est le con qui a déniché une merde comme ça ? » La merde, c'est moi ! C'est sûr que je ne suis pas bien brillant et que j'ai été un peu pistonné sur l'histoire. Pour le coup, mon rôle me va à merveille. Un vrai rôle d'abruti, et le nom qui va avec : Francis la Girafe !

Ce nom-là, autant dire que je n'ai pas fini de l'entendre en rentrant à Saint-Lô, et qu'il va me coller à la peau un certain temps.

C'est incroyable ce que passer à la télé peut changer dans une vie. Dans la rue, les enfants me demandent des bisous, tandis que les racailles de province, qui essaient de se la jouer « dur », me traitent de bouffon.

Bouffon peut-être, mais bouffon qui avance, riche de nouvelles expériences, de nouvelles rencontres. Un peu plus riche tout court, touchant de beaux cachets pour mes moyennes prestations, et bientôt pour la première fois intermittent du spectacle. Merci Ariane.

Merci Rémy aussi. Avec lui j'ai droit à mes premières vraies maquettes. Ensemble, nous écoutons des chansons. Il y en a une qui me plaît particulièrement. Elle s'appelle *Café des Sports*. Elle n'a pas été écrite pour moi. Six ans plus tard, chez WEA, elle va devenir *Je me demande pourquoi*, mon premier « vrai » single. Rémy est un pro, et il me fait sacrément progresser. Il n'hésite pas à mettre le doigt sur mes défauts : il trouve ma manière de chanter très vieille, trop rive gauche. Et puis j'ai un de ces accents normands ! Dans ma bouche, les « a » deviennent des « aaâ ». Il m'aide à me corriger. Je sais que je peux compter sur lui. Ces deux-là sont mes amis pour la vie. Je mesure la chance que j'ai eue de les rencontrer. Je les aime.

J'ai mis un premier pied à Paris, mais l'autre est toujours chez moi, en Normandie. Faire le pitre dans un costume qui vous va mal ne suffit pas pour vivre. Parallèlement, je continue donc mes opérations de dédicaces, avec de plus en plus d'invités. J'ai mûri, pris de l'assurance, étoffé mon carnet d'adresses. Je quitte Planet' R et son équipage, et propose mes services à qui en voudra.

En route pour le show

Quitter si tôt l'école pour me retrouver à vingt-quatre ans parmi d'autres élèves à bosser comme un malade, et réussir tous les mardis mon examen de passage !

Mémoriser une chorégraphie de Kamel, c'est pour moi un défi constant. Je vois arriver les cours avec appréhension et tension. Heureusement, d'autres sont là pour m'aider et me remettre sur la bonne voie autant qu'ils peuvent. Autant que je le peux. Merci John, Hoda, Enrique, Sandy... Je me sens toujours ridicule face à ces improbables pas de danse, et je suis démoralisé. À part quelques slows, je n'ai jamais dansé de ma vie. Là, il faut que je tienne la route face aux autres de peur de me faire sortir. S'accrocher, ne pas sombrer, reprendre son souffle, et surtout espérer que le maître ne m'assassine pas chaque fois. J'avais prévenu en rigolant : « Je suis le fils spirituel de Barychnikov. » Bien sûr, il m'arrivait de traîner le mercredi et le samedi dans le cours de danse de l'amie Marie-Line Blanchard, à Saint-Lô. Mais c'était plus pour regarder bouger les jolies demoiselles que pour en tirer un enseignement quelconque !

Avec Kamel, le premier mois est un enfer. J'ai vraiment beaucoup de mal, l'impression de ne pas l'intéresser, voire de le désespérer. Ce que je peux comprendre. Il faut qu'un jour, excédé qu'il ne me regarde même pas, blessé un peu aussi, je lui écrive un petit mot lui expliquant mon malaise, pour que s'installe enfin un peu de complicité. Il faut dire quand même que je ronchonne un peu pendant ses cours. À deux ou trois reprises j'essaie de lui expliquer que tout va trop vite pour moi, que je ne peux pas suivre, il ne veut rien savoir. « C'est comme ça qu'on avance, dit-il. Tu t'accroches, c'est bien; sinon, tant pis pour toi. » Peut-être, finalement, a-t-il la bonne méthode. C'est certain, je n'excellerai jamais en danse, mais, grâce à lui, j'ai fait quelques progrès. Et j'en suis fier! Le plus horrible n'est pas de se faire un peu malmener par Kamel. C'est de savoir que la caméra est là. Qu'elle vous fixe, guette le moindre de vos mouvements. On filme plus ceux qui rament que ceux qui réussissent. J'en ai entendu parler, de mes prouesses, dans les cours de danse! Mais je crois que ça m'a rendu sympathique auprès des téléspectateurs. Peut-être beaucoup de mauvais danseurs se sont-ils identifiés... En tout cas, j'ai reçu au château énormément de lettres de compatriotes compatissants. Merci les gars, on se sent moins seul... Je n'oublierai pas la conclusion de Kamel, sur mon dernier prime, celui de la demi-finale face à Grégory : « Tu as eu la plus belle progression du château cette année. » Allez, j'accepte le compliment! J'ai tellement transpiré, tellement donné, je ne vais pas en plus refuser cette petite phrase-là...

Les évaluations, c'est la danse, bien sûr, mais aussi tout le reste. C'est apprendre une chanson par cœur et parfois aussi un peu de théâtre, en moins de vingt-quatre heures. C'est chaque fois un stress immense. La pire nuit est celle du dimanche au lundi : impossible de trouver le sommeil une veille d'évaluation. Je m'assoupis dix minutes, puis me réveille et repasse chaque pas de la chorégraphie, chaque mot de mon texte. Je vis et revis ce que je vais devoir présenter le lendemain. Et lorsque le lundi matin arrive, nous piétinons le gravier sableux de l'allée centrale du château, le ventre noué. C'est terriblement scolaire. Et redouté, détesté. C'est sans hésiter le moment que j'aime le moins parmi tous. On sort à peine du prime, et de son stress, pour en retrouver un autre, plus intense encore. Le face-à-face avec les cinq membres du tribunal de Star Ac. « Le KGB et le FBI », comme les a surnommés Tiburce !

Heureusement, il y a aussi des moments de plaisir, des refuges qui nous font oublier la tension. Mon préféré, c'est le studio d'enregistrement. J'y fais la connaissance d'Yves Jaget, l'ingénieur du son, et de Xavier, son assistant. Yves est un personnage. Un fou, je pense. Complètement fou, et totalement talentueux. Avec lui, le courant passe tout de suite. On se marre comme des baleines, et ça me fait du bien. Lui aussi semble m'apprécier et, d'ailleurs, il le dit : « Si tout le monde assurait comme ça, ça ne serait que du bonheur. » Il ajoute qu'il aime ce qui se passe en studio avec moi, et me voilà tout rouge, et un peu gêné vis-à-vis des autres. D'autant que ça ne se déroule pas toujours très bien avec tout le monde. Jaget ne triche pas, il dit les choses, et quand ça ne fonctionne pas avec un élève, ça se sent. Son intervention lors d'une masterclass avec Nathalie André crée quelques tensions. Ici, moins on se démarque, meilleures sont les relations entre élèves. La règle d'or, c'est « profil bas » ! Compétition, compétition. Certains heureusement ont l'intelligence de passer outre.

Je garde un excellent souvenir de l'enregistrement du premier album. Nous avons interprété avec Sébastien la chanson de *Diabolo menthe*. Un superbe titre que je ne connaissais pas avant. Il y a eu aussi *Le Tourbillon de la vie*, chanson-culte, avec la petite Karima, trop tôt éjectée, à mon goût, de cette aventure.

Avec le temps qui passe, je me sens moins en danger. Petit à petit, je me libère. La pression est moins forte ou en tout cas elle me paraît moins pesante. J'ai enfin compris que je n'ai rien à perdre et que, si je dois sortir, autant en avoir bien profité auparavant. Je décide de me lâcher à deux cents pour cent.

Il me semble que le « déclic » date du sixième prime. C'est là que je prends mon envol. Je dois chanter *Le Tourbillon* en duo avec Radia. Kamel a pensé à une très jolie mise en scène, avec des moyens à la hauteur d'un show TF1 à vingt heures cinquante : la neige artificielle tombe en abondance, et « tous les deux enlacés », comme le dit la chanson, nous interprétons le célèbre titre de *Jules et Jim* entourés des danseurs.

Je sais maintenant qu'on me fait confiance, et je commence à prendre plaisir à être sur le plateau. Pendant le *medley* de Céline Dion, avec Sandy et la charmante Élodie Frégé, je me jette dans la fosse, au milieu du public... Je jubile ! Je me retrouve enfin, je me lâche, m'autorise à être sur scène comme pendant mes concerts, à faire la fête en chantant. Le bonheur ! Vraiment, ce soir-là, enfin, je revis. Le public du prime nous applaudit chaleureusement et je reprends le bus, gonflé à bloc. J'ai l'impression d'avoir franchi une étape dans le cœur du public.

Je suis aussi libéré d'un poids. J'ai dit « Je t'aime » devant la France entière à Anne-Lise. Jusque-là, j'ai pris soin de la faire passer pour ma meilleure amie, mais je n'en peux plus. Je ne peux plus tenir le secret plus longtemps. J'ai besoin de le lui confier, et je devine qu'elle a besoin de l'entendre. Je lui dis : « Je m'en tape des caméras, de ce que les gens vont penser, mais je t'aime à la folie. » Je ne suis pas venu à la télé pour parler de ma vie de couple, et c'est difficile de s'exposer ainsi. Je sais qu'il faudra expliquer à la presse qui est cette Anne-Lise que je cache volontairement. Nous avons décidé de préserver notre intimité. Et d'ailleurs, on ne verra pas Anne-Lise. Elle aussi refuse systématiquement lorsque la production tente de la pousser à venir me « faire la surprise » pendant un prime. Nous avons choisi de ne pas être un couple de la télé-réalité.

Cet aveu me libère d'un poids, et je peux maintenant l'appeler plus régulièrement.

Trois jours plus tard, de nouveau, ce sont les évaluations, avec cette fois une pluie de compliments, qui au passage énerve un petit nombre de mes camarades. Je suis de plus en plus proche de Harlem, qui dort en chambre 1. Je sais donc tous les cancans qui circulent sur moi : si je ne suis pas nominé, ce n'est pas grâce à mon talent, mais parce que j'ai des relations ! À vrai dire, ça ne me perturbe pas trop. Je sais que je peux compter sur Lucie, Hoda, John, et Harlem justement. C'est incroyable, je n'aurais jamais cru m'entendre avec ce garçon. En fait, on se découvre des tas de points communs. On est assez semblables finalement. On se raconte nos vies, nos souffrances. La galère, il connaît très bien. Moi aussi. Nous avons cette même rage de vaincre, d'y arriver, de savoir pourquoi nous sommes ici : pas pour devenir des stars, ça, nous n'en avons rien à faire. Juste pour nous faire connaître. Et pour l'instant, ça ne marche pas si mal.

Me voilà donc en piste pour mon septième prime... Je dois dire que je me sens un peu frustré cette semaine. J'ai l'impression que je ne vais pas avoir grand-chose à chanter, et je trouve cela assez injuste. Dans la semaine, nous avons rendu visite à des collégiens près de Lille, le temps d'un concert. De quoi nous rappeler un peu nos années ados. Dans le car, une fois encore quelques tensions. À croire que l'émission rend fous certains candidats. Cette fois, c'est Lucie qui en fait les frais. On lui reproche d'être manipulatrice. Tiens, c'est la deuxième fois que j'entends ça. Ce sera notre lot, à elle et à moi. Probable que l'envie d'y arriver et le naturel passent pour de la stratégie. Pas facile de savoir quel comportement adopter dans un tel climat. Tant pis, nous continuerons à être nous-mêmes. Les téléspectateurs feront la différence.

Avec Lucie, je dois chanter la chanson de Polnareff *Tous les bateaux, tous les oiseaux*. Un vrai petit plaisir. J'avoue que pendant la répétition, j'ai du mal à comprendre ce que vient faire ce titre dans le prime. Je trouve qu'il y a quelque chose de bizarre dans tout ça ! On commence à me dire très proche de ma petite Lulu, et je n'arrête pas de la prévenir : « Ça sent le magnéto ! » Mais c'est sans compter sur les talents de comédienne de Lucie. Certes, elle n'est pas la plus mauvaise en cours de théâtre, mais de là à me mentir et à me jouer ainsi la comédie, à moi ! Les répétitions se sont déroulées normalement, et sur le prime, au moment de commencer la chanson, je me place comme convenu au centre de l'étoile lumineuse, seul au milieu de la grande scène. La musique démarre, j'entame la chanson : « Je te donnerai... », le premier couplet. Je me tourne vers Lucie, surpris de la voir assise, jambes croisées, sourire aux lèvres... Et là, la terre s'arrête une seconde de tourner quand j'entends résonner la voix si chaude d'une des artistes que j'aime le plus au monde : Maurane.

J'en rêvais, Star Ac l'a fait ! Il est vrai que je n'arrête pas de parler d'elle. Qu'avec Tina et Lulu on chante sans arrêt ses chansons au château. Je suis fan de la femme, de l'artiste, de la carrière, de cette beauté... Je suis un vrai fan ! Je connais par cœur toutes ses chansons, tous ses albums. Quel beau cadeau *ma* chanteuse belge est venue me faire sur le plateau ! J'ai les larmes aux yeux. Je suis submergé par l'émotion et par le charisme de ma partenaire. Et moi, je chante n'importe comment. Ce soir, je ne sais pas gérer. Mais comment gérer de si grands moments de bonheur, si intenses, si forts, après sept semaines de travail, de fatigue et de stress ? Je ne peux pas faire autrement que de me laisser aller, sur le bateau, avec ce bel oiseau... Merci mille fois Maurane.

Quelle émission de télé est capable de vous faire partager de tels duos ? De vous faire rencontrer de si grands artistes ? Je ne suis pas le seul à avoir réalisé un rêve de petit garçon ! Sofiane a chanté avec Julio Iglesias, John avec Lenny Kravitz, Lucie avec Patrick Bruel, Grégory « virtuellement » avec Céline Dion (mais il a eu son message depuis Las Vegas), Sandy avec Joe Cocker... On apprend beaucoup en côtoyant les grands de ce métier. On rêve beaucoup aussi. Et on mesure le chemin qu'il nous reste à parcourir. De ce point de vue, les quarante-huit heures que nous partageons avec Michel Fugain sont un vrai grand moment de bonheur. Personne ne s'était jamais autant impliqué auprès de nous. Et recevoir un Phil Collins si humble au château est une leçon d'humilité que nous ne sommes pas près d'oublier. Chaque année, il est fidèle au rendez-vous. Qui ne rêve de pouvoir lui poser des questions, de lui demander d'improviser un petit solo de batterie ? Nous avons une chance incroyable de rencontrer tous ces grands artistes. Bien sûr, ils viennent pour faire la promotion d'un album ou d'une tournée, mais partager avec nous un direct sans filet, c'est aussi une preuve de générosité.

Dans l'ombre des autres

Rencontrer des artistes et puiser en eux le meilleur ! C'est une aubaine que les plus grands viennent à nous, aussi simplement. Tel est le miracle de la télévision.

Je ne peux m'empêcher de penser à l'énergie déployée lorsque, adolescent, je décide d'organiser des rencontres avec d'autres artistes, bien sûr moins connus, pour faire bouger Saint-Lô.

Ici, comme dans beaucoup de petites villes de province, on entend trop souvent dire qu'il « ne se passe rien », tout en attendant, évidemment les bras croisés, que d'autres prennent les choses en main. De mon côté, je m'ennuie un peu, et j'ai déjà réussi à monter de petits événements locaux. J'ai donc très envie de profiter de ma jeune expérience pour concilier dynamique locale et travail à temps plein.

J'ai la chance d'avoir fait la connaissance, en 1991 ou 1992, d'une conseillère municipale pleine de volonté, du nom de Jeanine Vérove. Un petit bout de femme énergique et pleine d'ambitions pour sa ville, qui ne s'est pas contentée, une fois élue, d'attendre les élections suivantes. Ce n'est pas si fréquent, et n'a rien à voir avec la couleur politique. Grâce à elle et à l'équipe municipale, alors orchestrée par Bernard Dupuis, le maire, je décide de faire partie du conseil municipal des jeunes. C'est ma première vraie implication dans la vie locale. Notre objectif, avec deux camarades comme moi bien motivés, est de mettre en place une semaine culturelle dédiée à la jeunesse. De la communication jusqu'aux spectacles et expositions, nous devons tout faire ! Tout cela sous le regard bienveillant d'une poignée d'adultes concernés à deux cents pour cent. Je trouve ça très marrant et très excitant. En quelques semaines, notre projet est bouclé et la semaine organisée. C'est l'occasion pour moi de monter mon premier spectacle musical dont la vedette est... moi-même. Et que j'ai modestement appelé : « Les Mathieuseries » !

Nous avons regroupé tous les spectacles des collèges et lycées, et le succès est énorme. C'est un vrai plaisir de voir ces centaines de jeunes venir assister aux concerts, aux représentations théâtrales. Dans tous les lieux imaginables s'expriment les jeunes dessinateurs, poètes, artistes de tous horizons. Je suis fier d'en avoir été l'un des créateurs, d'autant que cette semaine existe toujours. Mon regret est qu'elle ait changé de nom et que la dynamique ne soit plus tout à fait la même, gérée par des animateurs qui font leur travail, mais un peu désabusés à mon goût. C'est une aventure extraordinaire que de pouvoir donner à des enfants et à des ados la possibilité d'exprimer leur sensibilité artistique, parfois leur talent, sur un mur, dans une rue, sur une scène...

Cette expérience au conseil municipal de Saint-Lô me plaît bien. Être assis dans la luxueuse salle du conseil me donne des idées. Non pas d'une carrière politique. Mais l'implication dans la vie associative ou culturelle me semble une bonne piste de reconversion si jamais ma vie de batteur de planches ne me mène pas là où je voudrais. Il faut bien imaginer quelques portes de sortie...

Organiser ce grand bazar pendant toute une semaine n'a pas été de tout repos. Mais j'en redemande. J'ai envie de continuer à faire venir des artistes, peut-être aussi de m'occuper d'eux, de gérer leur carrière. Je n'ai que dix-sept ans. Qui voudrait d'un môme pour veiller sur lui ? Je suis un adolescent pressé, impatient. J'aime que les choses aillent vite, et elles ne vont jamais assez vite. Dans ma tête, j'ai déjà vingt-cinq ans. À huit ou neuf ans, on disait de moi : « Qu'est-ce qu'il est mature, ce petit ! »

À Planet' R, Jean-Michel, pour dynamiser son nouveau projet, a envisagé d'organiser des rencontres avec les artistes. Il veut rendre accessibles au public de la ville ceux qu'on voit habituellement à la télé, inviter des auteurs, des chanteurs, des nouveaux talents. Habituer le public aux dédicaces de bandes dessinées. Une mission qui me va comme un gant, et qu'il m'a confiée sans hésiter.

C'est un beau cadeau, mais ce n'est pas si simple. Saint-Lô, c'est à trois cent cinquante kilomètres de Paris. Autant dire le bout du monde vu de la capitale. Et décider des artistes à faire le déplacement, avec un budget ridiculement petit, c'est une autre paire de manches... Avec au bout du compte une angoisse supplémentaire : le public suivra-t-il ?

Ces rencontres Planet' R me permettent de faire la connaissance de pas mal d'artistes. Ceux qui sont omniprésents en télé n'ont « pas besoin de ça ». D'autres, pourtant, ont compris que c'est lors de ces « showcases » – mini-concerts acoustiques – ou de ces séances de signatures qu'ils établissent véritablement le contact avec le public. Un public sincèrement heureux, et parfois un peu impressionné, de pouvoir les approcher et les voir « en chair et en os ». C'est le cas pour Gérard Blanc. Il vient de sortir un album intitulé *Tout Blanc,* et qui regroupe ses succès solo et ceux qu'il a connus avec Martin Circus, *Je m'éclate au Sénégal, Marylène,* et bien d'autres. Une carrière jalonnée de tubes des années 1970 aux années 1990. Je redoute un peu la rencontre avec le public, car on ne peut jamais prévoir. Mais il se déplace en nombre et réserve un accueil chaleureux à l'artiste. Tout se passe bien, et *Ouest-France* le lendemain titre en gras « Gérard Blanc, en toute simplicité ». Ce fut le cas.

Même en Normandie, même à Saint-Lô, il arrive que les cités s'agitent. Ce sont les conséquences de ce que l'on appelle la LEM, la loi de l'emmerdement maximum. Autour de ces mouvements-là se crée une agitation positive aussi, avec la naissance de quelques groupes de hip-hop, qui se retrouvent pour répéter dans les caves, ou au Kiosk, un point jeunesse que vient d'ouvrir la nouvelle municipalité. On y mixe un peu, et on y rêve de carrière à la NTM ou de collectifs parisiens. C'est en pensant à ce public-là, qui commence à faire parler de lui, que je propose à Jean-Michel de préparer une rencontre avec le groupe Lamifa. Je monte une journée en deux temps. Tout d'abord, un échange entre les jeunes musiciens saint-lois et le groupe, un moment privilégié où ils vont pouvoir parler de cette musique qu'ils aiment tant, de leurs influences et des galères du milieu. Ensuite, il y aura un show-case qui sera ouvert à tout le monde, gratuitement comme à chaque fois, bien sûr. Un des acteurs de la scène rap saint-loise s'appelle Freddy, dit Ponzo, et habite dans la même HLM que moi. Il me donne un sérieux coup de main pour l'organisation. Les artistes de Lamifa, Ricardo et Kofi, avec Typical Féfé en guest, sont géniaux avec ceux qu'ils appellent déjà leurs frères. Pas de « connus/pas connus », pas la moindre prétention, seulement la volonté de dire, de s'exprimer. Avec, en bonus, quelques conseils livrés avec beaucoup de gentillesse et sans contrepartie. J'apprécie que Jean-Michel me laisse aussi organiser ce type d'événements, moins grand public, mais qui permettent de toucher des publics différents. D'ailleurs, le concert de l'après-midi est un énorme succès. Les quartiers de Saint-Lô sont vides. Les jeunes ont fait le déplacement. On a trouvé un remède contre la LEM. Pour une fois en tout cas.

La bande dessinée ne passionne pas grand monde visiblement. Nous avons essayé avec Emmanuel Moynot, qu'on surnomme le roi de la BD noire. Il vient nous présenter *Moscou*, son huitième album, mais je dois bien reconnaître que le public n'est pas au rendez-vous. Nous vendons trois ou quatre exemplaires de la BD, et je rentre chez moi abattu et dégoûté. Gêné vis-à-vis de l'auteur, venu pour rien ou presque. En colère contre le public qui ne sait pas faire l'effort de découvrir. En vérité, ce soir-là, j'en veux à la terre entière.

Je remets quand même le couvert quinze jours plus tard, dans le hall de la salle rock de Saint-Lô. Boucherie Productions, l'excellent label de François Hadji-Lazaro, vient de signer un jeune groupe, La Raya Magoo. Léonie, Georgina et Charly forment un trio rigolo aux influences multiples. Il y a un peu de rap, un peu de raggamuffin, un peu de vieux ska, de rock et même de musette dans leur répertoire. Bref, un peu de tout! Soixante personnes font le déplacement pour écouter cette musique colorée. Le soir, je les retrouve à leur hôtel, et nous dînons ensemble. Le courant passe bien entre Charly, les deux filles et moi. En parlant avec eux de leur parcours, de leurs projets, l'envie me reprend de veiller sur de nouveaux talents. De m'essayer à autre chose. Sans me dégonfler, je leur propose mes services : je peux m'occuper d'eux ! Ils ne semblent pas contre, je les amuse, je le sens bien. Je les préviens : je ne connais personne mais je suis débrouillard. On se rappellera vite... Cette rencontre, sans que je le sache, va changer ma vie. Avec eux, je vais faire mes premiers pas de manager et attaché de presse.

Le lendemain, le magasin est littéralement pris d'assaut à l'occasion de la venue d'un groupe régional qui fait son chemin : Mes Souliers sont Rouges. Leur concert le soir même affiche complet, et la seule solution pour ceux qui veulent les approcher est donc de passer à Planet' R dans l'après-midi. Je ne m'attendais pas à un tel succès. Nous vendons une centaine de disques, un carton qui fait le bonheur du groupe et aussi celui de Jean-Michel, rassuré de voir que le public nous suit, tout comme la presse qui relaie toujours les informations que je lui fais parvenir. Quel plaisir de voir le magasin bondé !

Malgré ce succès, c'est la fin des rencontres Planet' R. Les opérations sont coûteuses, et elles rapportent peu ou pas d'argent. Il faut payer mes prestations, les déplacements des artistes. C'est très bien pour l'image, mais ça coûte un peu cher. « Nous nous reverrons à la rentrée », m'annonce mon directeur.

Parti sur ma lancée, je suis un peu déçu de ce coup de frein. Il faut dire que j'ai quand même quelques difficultés à convaincre les maisons de disques de m'aider. C'est toute la différence entre les petites enseignes comme la nôtre et les grands réseaux comme la Fnac. On soigne les gros acheteurs, pas les petits.

Début octobre 1997, n'ayant pas abandonné pour autant, mais sans employeur, je contacte à nouveau Jean-Michel et lui propose ce que je pense pouvoir être une vraie belle opération. Le petit-fils de Guillaume Seznec est d'accord pour venir dédicacer le livre qu'il a signé, *Nous, les Seznec*. Denis Le Her-Seznec nous soumet une conférence exclusive dans la Manche sur le combat qu'il mène pour la réhabilitation de son grand-père. Jean-Michel sait que le livre est un best-seller et que c'est une fleur que nous fait l'auteur.

Pour mener à bien cette opération, il me faut trouver quelques partenaires. Finalement, c'est dans la somptueuse salle des mariages de l'hôtel de ville que Denis présente sa conférence le 14 novembre 1997. L'homme est passionnant, passionné par ce sujet qu'il maîtrise et pour lequel il s'investit totalement. Il explique les preuves accumulées, nous les montre, nous convainc. Il lutte depuis si longtemps pour que le procès condamnant son grand-père au bagne à perpétuité soit enfin révisé. C'est la plus belle soirée que j'aie jamais organisée. Son discours est si émouvant. La centaine de livres commandée s'arrache à la sortie, et Denis y laisse sa signature. Dans la salle, beaucoup de mes professeurs, surpris de me voir là et de constater que je suis à l'origine de tout ça. « Tu t'en sors ! » me glissent-ils. Oui, oui, ne vous inquiétez pas pour moi...

La semaine suivante, je remets ça dans un registre très différent. Changement d'univers complet avec un « girls band » dénommé So What ! Elles sont jeunes et très belles, et viennent de faire la première partie de la tournée des stars de l'époque, les 2Be3. On les voit partout à la télé et dans la presse jeune. Les faire venir à Saint-Lô est un véritable événement. Je suis à la fois très étonné et un peu émerveillé de voir toutes ces petites filles, plus quelques garçons, se presser pour les voir, les approcher, les embrasser. Et pleurer aussi toutes les larmes de leur corps dans les bras des sympathiques Karine et Emmanuelle. Toutes veulent leur ressembler et beaucoup rêvent de devenir chanteuses. Ce sont des cris, des hurlements à leur arrivée. Que sont devenues les gentilles et jolies So What, disparues depuis longtemps comme la plupart des groupes de l'époque ? C'est ça aussi être artiste. Accepter l'éphémère. Et essayer de lui résister. Leçon à retenir...

Au fil de ces rencontres, j'ai commencé à me constituer un carnet d'adresses : artistes, agents, managers, attachés de presse. J'ai bien l'espoir, moi aussi, de pouvoir un jour dédicacer ma musique. Un album, un single, je n'ai que dix-sept ans, mais je fourmille d'idées.

L'urgence donc pour le moment, c'est de retrouver du travail. Par conséquent, je dois aller voir la concurrence de mon premier employeur. Dans le cas présent, il s'agit de la grande distribution, et d'un hypermarché dont le P-DG a suivi avec intérêt mes initiatives passées. L'idée de faire parler de cette manière de son magasin dans la presse et à la radio lui semble intéressante. C'est clair, la formule coûte moins cher qu'une campagne de pub et donne une image sympathique. Je le rencontre avec son épouse pour leur présenter le projet et je sens bien qu'ils sont séduits. Nous nous mettons d'accord sur les conditions, plus favorables évidemment que chez mon ami disquaire. Les moyens à mettre en œuvre ne sont pas un obstacle. J'ai bien fait de conserver mes contacts avec Paris et les maisons de disques pendant les mois de « vaches maigres », et de ne pas cesser de travailler. Cela paye maintenant. Objectif : trois opérations – eux disent

« animations », mais j'aime moins – en mai 1998. Une période de test en quelque sorte. Et pas question de ne faire que des têtes d'affiche. Je tiens à la découverte. Et j'ai la chance d'être suivi par mon nouvel employeur. J'appelle donc à droite et à gauche, et je tombe un jour sur une jeune fille formidable, attachée de presse chez M6 Interactions, le label qui dépend de la chaîne de télévision. Ce que je propose à Marie Djian est un « package » attrayant, qui regroupe rencontres avec la presse locale et les radios, et signature du disque au magasin. Une manière de faire coup double : de la communication, et des ventes...

Séduite par l'idée, elle me confie un premier artiste. Sur M6, le clip de Mickaël Winter, frère d'Ophélie, tourne en boucle. La chanson *Personne* s'annonce comme un succès. C'est donc lui mon premier invité dans cette nouvelle aventure. Simple et souriant, il se livre de bonne grâce au jeu des dédicaces, entouré d'une nuée de fans, plutôt jeunes et de sexe féminin. L'opération a fonctionné et voilà donc mon nouveau P-DG rassuré. C'est champagne à l'étage avec Marie et Mickaël. L'artiste et son attachée de presse repartent ravis de leur journée. Et moi je m'endors tranquille, en attendant comme un gosse la prochaine aventure.

Surtout que, celle-ci, je l'organise un peu plus pour moi. Il faut savoir se faire plaisir de temps en temps. Dans la tête, j'ai toujours des envies de musique, de chansons, de beaux textes. Je rêve aussi de collaborer avec de grandes signatures. Et cette fois-ci, je m'offre d'en rencontrer une. Et pas n'importe laquelle. L'une des plus marquantes de l'histoire de la chanson française contemporaine, auteur de plus de cinq mille chansons, le célébrissime Pierre Delanoë. Il a signé des textes pour Barbara, Bécaud, Dassin, Aufray, Fugain, Polnareff... Il vient de terminer un livre, en collaboration avec Alain Poulanges : *La Vie en rose, hymne à la chanson française.*

Joint par le biais de son éditeur, le parolier le plus célèbre de France est difficile à convaincre. Je fais sa connaissance au téléphone. Il hésite à faire le déplacement : « Je suis un vieux monsieur, et vous voulez que je vienne jusqu'à Saint-Lô ? » J'insiste et lui dis tout mon plaisir à le rencontrer et mon admiration. J'enchaîne fax et coups de fil, et finis par emporter son accord. La date de sa venue est fixée au 19 mai 1998, à quelques jours de mes dix-huit ans. Je suis comme un dingue et le recevrai dignement. Je me promets de dérouler le tapis rouge.

C'est en famille et de sa résidence de Deauville que le Parisien débarque chez moi, à Saint-Lô. Il a le contact facile et rieur, et le courant passe bien. Je suis très ému de lui serrer la main, de savoir que je vais pouvoir vivre quelques heures à ses côtés. Delanoë ne sait pas que je chante. Et à mon avis, il n'en a rien à faire. J'essaierai quand même de lui en glisser un mot dans l'après-midi. Enfin, si j'ose...

À quinze heures, il y a beaucoup de monde au rayon livres de l'hypermarché. La rencontre est amicale. Les gens sont venus des quatre coins du département. Un public de tous âges. Il y a une Martine, amoureuse des jolis textes, un Alfred, fan de Bécaud, une petite Sophie, accompagnée de sa maman. Les gens écoutent, amusés, les anecdotes de l'auteur. Il parle de la chanson française qui se casse la gueule, de tous ces chanteurs des années 1990 qui ne savent pas chanter, de ses regrets de ne jamais avoir écrit pour Gainsbourg et Brassens, « mais ceux-là avaient du génie et savaient le faire très bien », de Patricia Kaas et de Liane Foly qui sont pour lui deux exceptions et deux perles rares. Il dit son admiration pour Piaf, Judy Garland, Barbra Streisand ou Ella Fitzgerald. Il signe, discute, boit un peu d'eau... Quel formidable bonhomme ! Moi, je suis là, émerveillé par le talent et le parcours de l'homme que j'ai en face de moi. Je bois ses paroles. La séance de dédicaces se termine. J'ai un peu mal au ventre et souhaiterais le retenir, mais il n'aime pas prendre la voiture de nuit, même quand ce n'est pas lui qui conduit.

Tant pis, je me lance :

— J'aimerais beaucoup vous revoir... Je suis chanteur, je cherche des auteurs, aidez-moi, s'il vous plaît.

Je sais que Pierre m'a trouvé rigolo, attachant, débrouillard.

— Tu as quel âge ? me demande-t-il.

— Je vais avoir dix-huit ans dans moins d'un mois.

— C'est d'accord, viens me voir à la Sacem. Voilà mon numéro.

Quinze jours plus tard, au dernier étage de la Société des auteurs-compositeurs, à Neuilly, j'atterris à la table de Pierre Delanoë. Une table dressée spécialement pour moi. Je croise les regards d'Étienne Roda-Gil, de Claude Lemesle, d'Arlette Tabard. Des auteurs de légende pour moi qui ai pris l'habitude de passer à la loupe toutes les pochettes de disques. Nous discutons pendant près de trois heures. J'engrange précieusement chacune de ses paroles comme autant de conseils et d'expérience partagée. Il me raconte ses souvenirs avec Bécaud, Fugain, tous ces monstres sacrés qu'il a côtoyés. Et puis on en arrive à parler de moi. Je lui remets un petit dossier de presse retraçant mon modeste parcours, les quelques scènes et premières parties qu'on m'a offertes depuis mes douze ans. Il regarde tout, attentivement, page après page, m'interrogeant sur ce que j'aime.

— Moi, je veux bien t'écrire des chansons, mais as-tu des compositeurs ?

— Non, pas vraiment. Personne de connu en tout cas. Quelques personnes qui bossent dans ma région.

— Tu mérites qu'on t'aide un peu. Avec qui aimerais-tu travailler ?

— ... Avec tellement de gens...

— Je travaille avec un type formidable. Tu connais peut-être ? Il s'appelle François Bernheim.

Bien sûr que je sais qui est François Bernheim. J'explique à Pierre qu'il a travaillé avec Patricia Kaas, Renaud, les Poppy's... Delanoë s'étonne de ma culture musicale.

— Mais comment connais-tu tous ces noms, tous ces artistes et ces auteurs dont on parle ? Tu es incroyable !

Je suis flatté, bien sûr. C'est promis, Pierre va organiser un déjeuner avec François Bernheim. Nous nous quittons sur sa promesse de me rappeler bientôt. Je repars, la tête dans les nuages. J'ai besoin de marcher un peu, de repenser à tout ce que ce vieux monsieur vient de me dire. Le « sage », comme je l'appelle. Je suis tellement heureux qu'il m'ait reçu. Quelle chance ! Je me demande pourquoi il a accepté. Pourquoi ça m'arrive à moi ? Oui, j'ai de la chance.

Claude François, l'artiste, l'homme, la star, est un incontournable dans l'univers des grands noms de la variété française. J'ai eu l'idée d'inviter deux auteurs pour en parler : Patrice Gascoin, qui a écrit une biographie intitulée *Vingt ans pour toujours*, et Guy Florian, directeur artistique de Claude François, qui a publié *Claude François, l'enfer du décor*. C'est un réel plaisir de discuter le temps d'un déjeuner et d'une signature avec ces deux hommes. J'aime les coulisses de la télé, et les cancans m'amusent. D'ailleurs, à Paris, dans le milieu du show-biz, c'est presque un sport national que de tout savoir sur tout le monde et, surtout, qui couche avec qui... Et puis j'aime les anecdotes, les souvenirs.

Patrice a fait un vrai travail de journaliste. Depuis cette rencontre, nous sommes amis. Il me soutient avec fidélité, et n'hésite jamais à écrire quelques lignes sur moi chaque fois qu'il le peut dans les journaux avec lesquels il collabore. Il s'est intéressé à ma musique bien avant la Star Academy. Nos racines nous rapprochent : il est normand comme moi.

Ce jour-là, à Saint-Lô, Guy nous parle des « recettes » du personnage, des clés de son succès. Il nous apprend comment Claude François choisissait ses textes. Encore une fois j'ai l'impression de prendre une leçon. Je sais que j'apprends ici un peu de mon futur métier. En puisant chez chacun le meilleur. En décortiquant les réussites d'artistes venus de tous horizons. J'ai d'ailleurs à la maison une belle collection de biographies, de Bruel aux Beatles, de Dutronc à Dylan. Pas mal de livres aussi sur les coulisses du spectacle ou de la télévision, sur le parcours de ceux qui en sont les grands noms : les Dechavanne, Guillaume Durand... Sans compter tous les gros volumes de ce journal passionnant dont je me régale chaque année et que nous fait partager l'ami Pascal Sevran.

Si la venue de Pierre Delanoë a connu un vrai succès, je sais que les responsables de l'hypermarché pour lequel je travaille attendent de moi de créer un peu de folie, voire d'hystérie, bref, de faire venir beaucoup de monde. Pour cela, Marie, qui accompagnait Mickaël

Winter, va m'être d'une aide précieuse, en m'envoyant un groupe qui fait fureur à ce moment-là, les Poetics Lovers. Que j'aime ces raz-de-marée incontrôlables, ces cris de fans ! Je suis toujours partagé entre la frayeur et la jubilation d'assister à de tels phénomènes. Mes invités vendent chaque jour des milliers de disques et enchaînent les succès. Pour moi, leur venue est un « gros coup ». L'organisation demande plus de moyens que d'habitude : un écran géant, du personnel de sécurité, l'aménagement d'une partie du parking. C'est un événement à Saint-Lô, et, pour moi, mettre le bazar est un vrai plaisir. Cette fois-ci, le bilan est plus que positif. Un millier de personnes font le déplacement, le centre commercial est bondé ! Et Marie, qui accompagne de nouveau le groupe, séduite par l'opération, me souffle une idée : organiser pour ses artistes des séances de ce type à l'échelle nationale. Je ne serais pas salarié de M6 Interactions, mais proposerais mes services à chaque hyper. Une vraie perspective de travail pour moi. Je m'y engouffre avec enthousiasme.

Les séances désormais s'enchaînent, et je réalise l'importance de la médiatisation : personne pour Jeff Bodart, ce jeune Belge talentueux dont j'avais découvert et apprécié un premier album intitulé *Du vélo sans les mains*. Jeff est facétieux et, pour se faire remarquer, n'hésite pas à grimper dans le caddie des mamies venues acheter leur baguette. Il réussit ainsi à se constituer un auditoire, mais ne vend pas le moindre disque. Il repart heureux de notre accueil, mais j'ai vraiment honte de ce bide. Je viens de comprendre que dans un hypermarché il faut des produits de grande consommation. Je décide qu'ici je n'organiserai plus de découvertes, mais me tournerai vers des artistes reconnus.

C'est le cas de Sandy Valentino. Elle se trémousse au quotidien sur son clip multidiffusé par M6. Découverte dans l'émission « Graines de stars », la spontanée et souriante starlette se prête au jeu des dédicaces. Et les fans sont au rendez-vous. Bouquets de fleurs pour l'accueillir, des disques qui se vendent comme des petits pains, voilà ce qu'on appelle une opération réussie. Fort de ce succès, je la propose à d'autres grandes surfaces, et elle et moi visitons une dizaine d'hypers. Malgré ça, j'ai un peu de mal avec elle, et je crois que c'est réciproque. Le courant ne passe pas. J'abandonne quelque temps plus tard, apprenant par des amis communs que ses propos à mon égard sont loin d'être tendres... Nous ne serons jamais amis, et peu importe. Ce n'est pas ce que je recherche. J'aimerais bien, c'est vrai, qu'on me considère un peu plus parfois, car je me donne à fond dans tout ce que j'organise. Beaucoup n'imaginent pas le travail que représente chaque venue d'artiste. Les heures passées la nuit à faire de l'affichage sauvage, avec colle et pinceau, bien souvent avec l'aide de maman. Le travail auprès des médias, les communiqués de presse à rédiger, l'accueil à prévoir. Je gagne ma vie, et ce n'est pas si mal, quand je croise quelques copains d'école déjà inscrits au chômage... Pourvu que je ne connaisse jamais cela.

Ce sont sans doute ces quelques expériences difficiles avec des débutants un peu compliqués qui peu à peu me conduisent à me consacrer uniquement à des artistes que j'apprécie vraiment. Certains vont devenir mes amis, et trois en particulier comptent beaucoup : Didier Sustrac, Marie Myriam et Nicolas Peyrac.

Sustrac, c'est le poète, le chanteur, et aussi un guitariste de grand talent. En 1996, *Tout seul (les hommes)* passe en boucle à la radio. C'est le moment où je fais sa connaissance. Je suis tombé sous le charme de cette musique langoureuse teintée de jazz et de bossa. J'ai la chance que Radio Manche me confie son interview, et c'est à Avranches, où il donne un concert, que je le rencontre pour la première fois. Un instant inoubliable. On idéalise souvent les artistes. J'ai fréquemment été déçu à mes débuts que ceux que j'écoutais en boucle dans ma petite chambre d'enfant puis d'adolescent ne me saluent pas comme si j'étais leur pote. Avec Didier Sustrac que je viens d'applaudir pendant deux heures, j'ai envie d'un vrai contact, d'un véritable échange. J'aime ce qu'il fait et donc je suis certain qu'on va bien s'entendre. Muni de mon pass « backstage », je gagne les coulisses à la fin du concert, magnétophone en bandoulière. Je pose mes questions, il répond. De bonne grâce, mais assez froidement somme toute. Maman, qui m'accompagne, et Jérôme, un ami avec qui je vois pas mal de concerts, ont apprécié le contact. Moi, je suis déçu. J'attendais plus. J'ai sûrement un peu idéalisé le personnage, imaginé qu'on allait faire copain-copain. Je repars, un peu frustré de ne pas avoir échangé davantage, mais heureux néanmoins d'avoir pu le voir sur scène.

Le destin a fait qu'un jour nos chemins se sont à nouveau croisés. En 2001, avec Thierry Saïd, je commence à travailler sur un nouvel album de Marie Myriam. Nous nous retrouvons chez BMG, dans le bureau de Varda Kakon, une grande directrice artistique. Le téléphone sonne. Au bout du fil, le P-DG d'EMI, Marc Lumbroso. Je devine, en entendant Varda, l'objet de la conversation : le patron de la maison de disques recherche un attaché de presse indépendant pour s'occuper de la promotion de... Didier Sustrac ! C'est un peu pour moi comme un signe du destin. Mais comment « sauter sur l'occasion » sans passer pour autant pour un opportuniste aux yeux de mon interlocutrice ? Je n'ose pas tenter ma chance et préfère me taire. Nous écoutons quelques chansons, puis quittons le bureau. Je ne cesse de penser à la chance que j'ai peut-être laissé filer. Au bout de trois ou quatre jours, je me décide finalement à rappeler BMG, et à laisser un message à Varda Kakon.

Le jour même, elle me rappelle. Elle semble plutôt étonnée de ma proposition de m'occuper de son artiste :

— Ben écoute, chou, il y a pas mal de ténors de la promo sur le coup. Fais-moi un mail avec ce que tu as fait, les gens que tu as défendus, et je te dis.

Je sais que j'ai peu de chances, mais j'insiste en disant que j'aime vraiment l'univers de l'artiste qu'elle produit, et finalement... c'est moi qu'elle choisit ! Je bosse sur *Le Bonheur en soi*, le troisième single de Didier, et ne m'en sors pas trop mal. Radios et presse jouent le jeu. Au final, une vraie rencontre humaine avec ce grand bonhomme qu'est Sustrac, et la naissance d'une amitié, éclairée par de nombreux éclats de rire, au fil des kilomètres que nous parcourons ensemble sur les routes de France. L'aventure « promo » terminée, nous continuons d'ailleurs à nous voir et à travailler ensemble. Didier m'écrit une chanson pour mon premier album, un petit bijou intitulé *Sous le lin*. De mon côté, je lui trouve quelques concerts, et nous reprenons ensemble la route pour visiter quelques théâtres et centres culturels.

Il faut croire que la chance appelle la chance. Un jour, je reçois un coup de fil de Didier. Il m'invite à passer chez lui pour écouter les maquettes de son prochain album. Il a bien avancé sur les idées d'arrangements, les chansons sont de plus en plus ciselées. Arrive *Cogne*, un titre « guitare-voix » où viennent se poser un shaker et un piano. Je tombe fou amoureux du titre. Hystérique.

Didier est un peu surpris. J'imagine un duo, avec un autre artiste de la même trempe. Lui, intrigué mais séduit, me laisse délirer. Je sais que je l'amuse dans ces cas-là. Nous n'avons pas tout à fait le même tempérament. Il se moque souvent de mes réactions très fortes, voire exagérées. Moi, j'y crois. Et dans la foulée je lance le nom de deux artistes très connus. Je réussis même à lui caler une émission de radio en même temps que l'un d'entre eux pour faciliter la rencontre. Hélas, l'un repousse la proposition par mail, expliquant qu'il a « trop fait de duos ces derniers temps », et l'autre ne daigne même pas répondre. Je suis déçu, et Didier est désabusé :

— Tu connais ce métier...

C'est vrai, je commence à le connaître. Mais j'y crois. Je ne veux pas renoncer. Alors je lâche un nom qui me trotte dans la tête depuis un certain temps : Claude Nougaro ! Didier éclate de rire :

— Putain, je t'aime, toi, mais t'es un malade !

Il est persuadé, d'une part, que je suis fou et, d'autre part, que Nougaro n'a jamais entendu parler de lui. Sans doute pour ne pas me faire de peine, il me laisse tenter la démarche. À vrai dire, je ne sais pas réellement comment m'y prendre. Nougaro... Un monstre sacré. Comment l'approcher ? J'ai eu la chance de rencontrer quelque temps plus tôt sa chef de produit, dans sa maison de disques. Je présente donc mon projet à Corine. Elle est sceptique.

— Tu sais, Claude ne participe que rarement à

d'autres albums que les siens. Appelle Hélène, sa femme, et vois avec elle, mais je pense que ce sera non.

Corine a presque réussi à me convaincre. Je n'y crois plus vraiment. Je note le numéro de Mme Nougaro, et laisse le bout de papier au fond de la poche de mon jean. Didier avait raison.

Trois jours passent. C'est en fouillant mes poches à la recherche d'un briquet que je retombe sur le numéro magique. Je regrette de ne pas avoir tenté. Je suis à la maison, au calme. C'est le moment !

J'ai Hélène au téléphone du premier coup. Pas de boîte vocale. Elle est charmante, un peu pressée : son mari entre en scène dans une heure. Elle me donne leur adresse toulousaine, et me réconforte un peu en m'apprenant qu'elle et Claude connaissent le travail de Didier Sustrac, mais... Et il y a un mais ! Hélène confirme : Claude Nougaro ne chante que très rarement les chansons des autres, et il n'apparaît presque jamais en guest sur un album.

Ce coup de fil aurait pu me décourager. Je ne sais pourquoi, en fait, il me remotive. J'expédie à Toulouse un « kit Sustrac » comprenant ses trois premiers albums. J'insiste auprès de Didier pour qu'il y glisse un mot de sa plume d'ange. Je suis convaincu qu'il saura trouver les mots qui toucheront le grand Claude. Le temps passe, pas de nouvelles de notre envoi. J'appelle régulièrement Didier, et je le sens de moins en moins confiant. Un jour, il me téléphone : le paquet est revenu avec la mention « non distribué ». J'avais oublié que le couple n'était à Toulouse que pour quelques jours. Notre envoi est arrivé après leur départ. Soulagé que le couperet ne soit pas encore tombé, je rappelle Hélène, qui me donne son adresse parisienne. Cette fois sera la bonne. Ils ne doivent pas bouger de Paris. J'apprends que Claude a « quelques soucis de santé ».

Les jours d'attente sont insupportables. Didier a glissé dans la lettre son adresse perso, son téléphone fixe, son téléphone mobile. Aucun signe pendant des jours. Didier va donc devoir enregistrer seul sa chanson *Cogne*.

Ce jour-là, nous partons à quatre dans mon Opel Astra, pour Vitré où Didier et ses deux musiciens doivent jouer le soir. Didier est assis devant à mes côtés. L'ambiance est bonne dans la voiture. Nous sommes en route depuis une heure environ quand le téléphone portable de Didier sonne. Au bout du fil, un accent toulousain et une belle voix grave :

— Bonjour. Didier Sustrac ?

— Oui... Je reconnais votre voix.

— En effet, c'est Claude Nougaro. Je voulais vous dire merci pour vos trois albums dont je me régale. J'ai vraiment aimé la chanson que vous voulez que je chante avec vous. Il y a juste un mot qui me chiffonne. Vous dites « en béton embêtant ». Le béton, ce n'est pas embêtant. C'est entêtant.

— Je suis tellement heureux de vous entendre.

— Cette chanson, dites-moi où et quand vous voulez l'enregistrer. C'est d'accord, je le ferai.

— Je suis si ému (Didier a en effet les larmes aux yeux), je vous entends un peu mal, le portable ne passe pas très bien là. Nous sommes sur la route. On pourrait se voir ?

— Appelez-moi la semaine prochaine, et venez chez moi.

— Merci Claude, merci beaucoup.

Cris de joie dans la voiture. Nous avons bu les bribes de conversation que nous avons réussi à suivre. On s'embrasse, c'est la fête. Ce soir-là, le concert de Vitré est plus magique encore que les autres soirs. La bonne nouvelle a donné des ailes à tout le monde. Et j'ai la fierté d'avoir cru en ce projet fou, d'avoir remporté mon pari. *Cogne* est enregistré en duo avec Claude Nougaro, un an jour pour jour avant sa disparition.

Il en reste le souvenir de moments inoubliables, et un duo entre deux hommes faits pour se rencontrer. Des instants que nous gardons en nous comme un trésor.

Il y a des chansons qui marquent à jamais. Celle-là a fait le tour du monde et il suffit de l'évoquer pour qu'elle résonne dans toutes les mémoires : « L'oiseau, c'est toi, l'enfant, c'est moi »... Une femme est entrée dans ma vie en 1999 et elle n'en sortira plus. J'aime infiniment Marie Myriam. 1999, c'est cette terrible tempête qui secoue la France. À cette époque, j'organise à l'hippodrome de Graignes, une petite cité normande, un grand concert au profit du Secours populaire, et Marie répond présente. Elle vient chanter gratuitement, accompagnée de Michel, son mari, et du chien Jason. Marie Myriam est une vraie chanteuse populaire. *L'Oiseau et l'enfant* dans un concert, c'est le succès assuré. Cette chanson est entrée dans notre patrimoine, et Marie continue de la trimballer sourire aux lèvres, avec une pêche d'enfer, dans tous les coins de l'Hexagone. Ce soir-là, le 27 décembre, elle est souffrante, mais elle n'a pas voulu annuler sa venue. Sa seule demande, chanter en premier pour pouvoir regagner Paris à une heure raisonnable. Simple, abordable, généreuse, elle a pris le temps de saluer chaque bénévole. D'elle, je ne connais que son succès, son « hymne ». Je sais que c'est pour elle que le public s'est déplacé si nombreux. Il y a deux mille personnes sur le champ de courses. Un succès inespéré pour l'association. Et ma vedette à moi monte sur scène. D'une phrase, elle s'excuse de ne pas être en très grande forme, puis elle attaque son premier titre. Je me rends compte très vite que la chanson me dit quelque chose. Comme un certain nombre des titres suivants. Je ne savais pas qu'elle avait autant de tubes à son actif.

Sur les premières notes de *L'Oiseau et l'enfant*, j'entends les gens applaudir, ils commencent à chanter. Deux mille personnes qui reprennent une chanson... Je craque, heureux pour ces enfants et ces familles qui vont obtenir un peu d'argent, touché par la générosité de ces artistes présents, fatigué par l'organisation de ce grand bazar.

Six ou sept chansons plus tard, elle descend de scène, émue par l'accueil que le public normand lui a réservé. Cent fois je lui dis merci. Puis à son mari. Ils vont repartir. Je leur propose de me laisser quelques disques à vendre à la fin du concert. Ils acceptent. Je leur rapporterai l'argent de la vente et les disques invendus lors d'un prochain voyage à Paris.

Deux ou trois semaines plus tard, je pars pour la capitale. J'en profite pour prendre un maximum de rendez-vous car le voyage coûte cher. La Marie qui me reçoit est bien celle du concert de Graignes : simple, chaleureuse, authentique. On parle longuement tous les deux. Puis son mari arrive, et la conversation continue. On rigole bien. Je leur raconte mon parcours, mes galères. Elle me raconte sa carrière. Deux heures s'écoulent sans que je les voie passer. J'apprends qu'elle ne prépare rien de particulier, que bien sûr elle a toujours envie de chanter, mais que la centaine de concerts qu'elle donne chaque année lui suffit.

— Ce qui est formidable, me répète-t-elle, c'est que le public ne m'oublie pas et m'aime toujours autant.

Cette deuxième rencontre est le point de départ d'une vraie et belle amitié. Je propose à Marie et à Michel de travailler sur un nouvel album, de nouvelles chansons. Cela fait cinq ans que je me bats aujourd'hui, à leurs côtés, pour que ce projet aboutisse. Je sais ce qu'aime Marie : c'est le jazz, la soul, la bossa. Elle pourrait tout à fait sortir un album de variétés, mais elle a envie d'autre chose. À l'issue de notre rendez-vous, je me mets donc en quête de chansons. Hugo Renard, qui a écrit *La Plus Belle Fille du monde*, une chanson de mon album, lui propose quelques titres dans un univers jazz très classe. Le si rare Peter Lorne, auteur pour Maurane ou Enzo Enzo, se met lui aussi au travail pour elle. Et bien sûr Didier Sustrac, dont l'univers musical est finalement très proche de ce qu'aime Marie. Tout cela donne un beau projet d'album, qu'il ne reste plus aujourd'hui qu'à compléter et enregistrer. Je sais que nous y arriverons et, en voyant les réactions des rares personnes qui ont écouté les premières chansons, je suis convaincu que ce sera un succès. La voix si chaude et si brillante de Marie n'a pas fini de séduire et de surprendre. J'ai vraiment envie que nous accouchions de cet album.

Au-delà de ce rêve commun d'une aventure discographique, nous sommes réellement devenus complices. Nous ne comptons plus les télés et les galas, partout en France, où je l'ai accompagnée. L'occasion de mieux se connaître, de se parler. Aujourd'hui, je me sens vraiment « de la famille ». Avec Marie, on se raconte tout : nos histoires de cœur, nos malheurs, nos bonheurs, nos envies.

Elle fait partie des rares personnes à qui, à la fin de l'été 2004, j'ai confié mon entrée au château de Dammarie. Mon grand plaisir avec Marie : lui faire honte en public ! Ça marche à tous les coups. Nos fous rires sont mémorables. Je me rappelle la tête des hôtesses à la réception des hôtels, lorsque je m'approche à quelques centimètres d'elle, lui demandant langoureusement, assez fort pour qu'elles entendent : « On dort ensemble ce soir ou pas ? » Inévitablement, elle part dans un grand éclat de rire : « Mais qu'il est con ! »

« Mi », c'est comme ça que je l'appelle, est un peu ma seconde maman. Elle me manque très souvent, même si je ne lui dis pas. Et elle me reproche aussi de ne pas assez l'appeler. Elle n'a pas forcément tort. J'abuse parfois. Mais il m'arrive aussi régulièrement de m'arrêter rue Planchat, près de la place de la Nation, dans ce restaurant que tenaient ses parents, et qu'elle a repris avec Michel : « L'Auberge de Marie ». J'y ai mes habitudes, comme beaucoup de clients d'ailleurs. L'ambiance est chaleureuse, on y mange très bien. J'irais plus souvent encore si j'avais le droit de payer mon addition...

Travailler dans l'ombre de Marie m'apporte énormément. Je prends de vraies leçons en l'observant sur scène et lors des enregistrements télévisés, comme celui du « Fabuleux destin » notamment. J'ai été frappé par autant de sincérité et d'honnêteté. Et si, vingt-huit ans après l'Eurovision, la France se souvient d'elle, ce n'est pas un hasard.

Il y a les chanteurs, bien sûr, mais il y a aussi les musiciens. Certains sont à la fois ultra-doués, attachants, humainement très chouettes. Nicolas Montazaud fait partie de ceux-là. C'est un grand musicien, très respecté, très technique. De la haute voltige musicale. Un jour,

Nicolas m'appelle et m'explique qu'Olivier Kowalski, le patron du studio Davout, travaille en ce moment avec Nicolas Peyrac. Et que ce dernier, qui vit maintenant au Québec, se cherche une nouvelle équipe pour la France. Nicolas (Montazaud) a pensé à moi et me propose un rendez-vous avec Nicolas (Peyrac). On est début 2004, je viens de quitter ma maison de disques et suis libre comme l'air. La proposition est tentante. Et faire le colporteur de talents m'a toujours motivé. Rendez-vous est donc pris et je me retrouve face à Peyrac dans le bureau d'Olivier Kowalski. Objectif : faire connaissance, se jauger, voir si ça peut coller. Le mec, en jean et pull, est sympathique, détendu, très abordable. On évoque sa situation discographique, l'équipe qu'il se prépare à lâcher, car il n'en est pas content. Et puis nous passons en cabine pour écouter ses nouveaux titres. Douze chansons réunies sur un CD bleu gravé qu'il me tend. J'ai l'impression que c'est un acharné, un bosseur, et ça me plaît immédiatement. Je me sens bien, assis sur le siège tout cuir devant l'immense console. Il y a un titre qui m'interpelle d'emblée : *Ne me parlez pas de couleurs*. Une chanson forte, une musique avec des samples et tourneries bien écrites, un texte impeccable « à la Peyrac ». Je regarde du coin de l'œil le pote Montazaud qui est avec nous. Lui aussi est touché. On écoute le reste. Il y a beaucoup de belles choses. Je suis séduit. Peyrac le devine.

— C'est une magnifique journée qui démarre.

Peyrac me sourit et a bien compris que je suis enchanté par ce que je viens d'entendre et que ce sera évidemment oui, oui et re-oui. La conversation se poursuit dans un resto. Il va falloir mettre à profit la présence en France de *mon* nouvel artiste, puisqu'il doit repartir à

Montréal dans deux jours. Il me raconte sa carrière, trente ans de bons et de mauvais souvenirs. Peyrac est sacrément attachant.

Ma « starisation » soudaine ne m'empêche pas de continuer à travailler un peu avec lui. Je dois reconnaître que j'angoissais à l'idée de lui annoncer ma participation à ce type de programme, imaginant qu'il serait réticent. J'y suis allé progressivement :

— Je vais être absent pendant plusieurs semaines ou plusieurs mois, il va falloir que tu trouves quelqu'un pour assurer l'intérim.

— Tu vas faire quoi ?

— Je vais être enfermé... Je ne peux rien dire.

Son visage se tend un peu. Je lui lâche le morceau :

— J'entre à la Star Ac.

Il n'a pas l'air trop surpris. Il sait que j'ai amorcé une carrière dans la musique. Je pense même qu'il est heureux pour moi.

Ne me parlez pas de couleurs fait maintenant partie d'une double compilation qui regroupe toutes les grandes chansons de Nicolas. J'ai eu le temps de m'occuper de ce projet quelques semaines avant d'entrer au château. Et surtout de trouver les moyens de financer l'enregistrement du nouvel extrait. Uniquement de vrais musiciens, de vraies cordes.

À ceux qui s'étonnent que je manage Nicolas Peyrac et me font remarquer qu'il a deux fois mon âge, je réponds que c'est sur le papier seulement. Nicolas est d'une incroyable modernité. Il écrit des chansons sublimes, et j'espère bien pouvoir un jour en accueillir une sur mon album. Ça me paraît insupportable que l'on n'assume pas aujourd'hui de signer dans une maison de disques un artiste talentueux parce qu'il a connu le succès dans les années 1970. Ce sont des préjugés imbéciles, et qui vont, j'en suis sûr, à l'encontre des goûts du public.

En tout cas, avec Nicolas, comme avec Didier ou Marie, c'est devenu bien plus qu'une complicité professionnelle. C'est devenu une histoire d'amour. Ben oui, on s'aime ! Et, comme il le dit en chanson, il y a « seulement l'amour qui vaille la peine ».

Primes et déprime

En entrant dans mon château télévisuel, il a fallu que je mette de côté toutes ces expériences passées. On arrive vierge à Star Academy et on est prié de mettre de côté amour et amitié. Ici, c'est travail et travail. Et esprit de compétition. Il faut « faire le show » et, pour ça, rien de tel que la pression. On repousse sans cesse ses limites, on veut oublier la fatigue, ou la négliger en se disant que ça passera. Et puis, un jour, on craque.

Ce dimanche-là, j'ai vécu un calvaire : ma deuxième crise de spasmophilie, accroupi sur le perron du château, après avoir mal supporté une épreuve sportive orchestrée par Adèle, Houcine et Tiburce.

Quelques jours avant, en chahutant avec Harlem, j'avais déjà eu droit à une petite visite à l'hôpital. Cette deuxième est de trop. L'angoisse, la fatigue, le surmenage, le manque de sommeil, je suis à bout de forces. Me voilà donc allongé dans le nouveau foyer tout mauve du château, sur le grand canapé d'angle blanc. Tout pâle, j'ai pour veiller sur moi Mamadou, pompier au château, mais aussi comme infirmières de choc Miss Hoda et Miss Lucie, épaulées par Mister John en chef brancardier ! J'en rigole aujourd'hui, mais sur le moment, croyez-moi, je n'en mène pas large. Vertiges, problèmes respiratoires, perte de connaissance. Je ne suis pas habitué à ce type de malaises, et je me sens plus seul encore dans ce moment-là. Avec l'envie de serrer contre moi les gens que j'aime et qui sont loin. Tout me manque alors : mon chez-moi, ma vie d'avant, mes amis... Je suffoque. La production essaie en vain de joindre Djéa, le médecin de la Star Ac. Finalement, on doit faire appel à un autre. On me fait un électrocardiogramme. RAS. Il faudrait faire des examens complémentaires, aller à l'hôpital. Pas friand de ce genre d'établissement, avec de plus une vraie phobie des piqûres, je décline poliment l'invitation. Le docteur me fait alors ouvrir le bec et me gave d'un gros comprimé qui va me mettre dans un état second pour la soirée, la nuit et le lendemain. Je dors, je dors, et je dors. De temps en temps, j'aperçois bien Hoda qui se penche sur mon berceau pour me dire des trucs incompréhensibles. « Oh, mon Mathieu ! » répète-t-elle. J'ai un mal de tête infernal. Je n'ai jamais eu ce genre de crise et je suis très angoissé.

Dimanche, en fin d'après-midi, j'ai toujours beaucoup de mal à respirer, et je fais savoir aux régisseurs que je préfère aller à l'hôpital, inquiet pour ma santé.

C'est Clément qui s'y colle. Nous allons vivre tous les deux un moment incroyable, qui nous fait encore rire aujourd'hui lorsque par hasard nous en reparlons. Nous arrivons « en couple » à l'hôpital de Melun. Je suis tout pâle, complètement groggy. Pour une première sortie publique, nous aurions pu rêver mieux ! Devant nous passe un rugbyman. Il pisse le sang. La joie des urgences ! L'infirmière qui m'accueille me reconnaît :

— Oh, mais c'est le plus sportif de la Star Academy qu'on nous envoie là ! Ça tombe bien, le dimanche, c'est le jour où on reçoit tous les sportifs, les cyclistes, les footballeurs, les rugbymen, et vous maintenant. C'est génial !

Elle a l'air plutôt contente de me rencontrer. Clément me regarde et est pris d'un fou rire. La situation est plutôt cocasse. Les gens, nombreux en cette fin d'après-midi, me dévisagent, me saluent, haussent le ton pour bien me montrer qu'ils parlent de moi. Sensation étrange. Je ne me sens vraiment pas bien, mais les scènes qui s'enchaînent me décontractent et me font tellement rire... Je me retrouve dans un petit bureau « aquarium », tout vitré, pour décliner mon identité, fournir ma carte Vitale, répondre aux questions d'un médecin bien sympathique. À côté, j'entends Clément se marrer. « C'est lunaire, c'est lunaire », répète-t-il. Je me retourne et, derrière moi, les gens, malades et accompagnateurs, s'agglutinent contre la vitre pour me voir de plus près. Têtes collées, nez et bouches écrasés contre les carreaux, la situation est vraiment comique.

Réalisant que je suis malgré tout un peu gêné par la curiosité que je suscite, on me fait patienter dans une petite pièce à l'écart. De là où nous sommes, on entend une jeune fille qui crie de douleur. Pas très rassurant. Une dame s'approche de moi. Elle a la cinquantaine et doit être un peu dérangée. Elle m'aborde :

— Oh, je suis contente de vous voir, faites-moi la bise, faites-moi la bise.

Je m'exécute.

— Comment ça va, Enrique ?

J'ai beau essayer de lui expliquer que, moi, c'est Mathieu, il n'y a rien à faire, pendant dix minutes, elle m'appelle Enrique.

Finalement, on vient me chercher et on m'emmène dans une autre salle pour que je m'allonge. Juste à côté, il y a la jeune fille que j'ai entendue crier tout à l'heure. En voyant entrer le médecin, elle gémit : « J'ai mal, j'ai mal. » Puis elle m'aperçoit, écarquille les yeux, bouche bée... Plus un son ne sort de sa bouche. Le médecin tire un rideau blanc pour nous séparer et sort. Un ou deux cris plus tard, la demoiselle refait silence et tire le rideau blanc.

— Vous êtes Mathieu de la Star Ac, dit-elle, toute souriante.

Clément et moi repartons dans un grand éclat de rire. Vingt minutes plus tard, ma voisine qui souffrait si atrocement semble ne plus avoir mal du tout ! Elle s'en va, ravie, en me demandant un autographe. Le médecin n'y comprend rien. Moi non plus. Me voilà donc guérisseur ! Il n'y a pas qu'à Lourdes qu'on fait des miracles !

Tout en m'auscultant, le médecin essaie de me soutirer quelques scoops sur la vie au château. Malheureusement, il n'y a pas grand-chose à révéler et la déception se lit sur son visage. Tant pis. Quant à son diagnostic, il est sans appel : je suis à deux doigts de la dépression. Il insiste sur le fait que mon corps est fatigué, que je suis à bout, et qu'il est temps de limiter la casse. Repos obligatoire pendant soixante-douze heures ! C'est irrémédiable.

Se reposer en temps normal, dans la vraie vie, bien sûr, ça semble normal. Mais quand on est candidat à la Star Academy, qu'on vous filme vingt-deux heures sur vingt-quatre, que c'est dimanche soir, et que demain à neuf heures débuteront les évaluations, c'est une autre affaire.

Et là... c'est le drame !

Quand je rentre de l'hosto, Angélique Sansonnetti, d'Endemol, m'attend devant la grille avec Matthieu Rubin, le régisseur général. Elle est assez inquiète. On discute un bon quart d'heure dans le froid de la nuit, et elle me propose un « deal » pour le lendemain. Il est tard, je n'ai rien pu répéter, je suis fatigué, elle me dispense donc d'épreuve de danse.

— Tu ne passeras que l'épreuve de chant.

Il ne me reste que très peu de temps pour bosser.

— Promets-moi que les profs seront au courant.

Elle acquiesce :

— Tu peux me faire confiance.

Puis elle donne un petit coup de talkie et prévient la régie que je suis revenu. Les caméras peuvent à nouveau se braquer sur moi. Le public, qui ne m'a pas vu depuis la veille, va pouvoir assister à mon retour de l'hôpital. Les objectifs ont pivoté vers le portail vert. On ouvre.

Le médecin m'a prescrit soixante-douze heures de sommeil. S'il me voyait... Jusqu'à deux heures du matin, je travaille dans la salle de musique, désertée par les autres, partis se coucher. Je chante et rechante *Marcia baïla,* des Rita Mitsouko. Je cherche la meilleure interprétation, je m'imagine un look improbable. J'ai l'impression de ne rien réussir. Je ne retiens même pas les paroles. Mon bout de nuit est agité. Je suis sous médicaments, mais stressé malgré tout. Je tourne et me retourne sans cesse dans le lit, repasse encore les paroles de la chanson. J'appréhende cette évaluation que je n'ai pas pu préparer. J'appréhende la réaction des profs. Et s'ils n'étaient pas prévenus de mes problèmes de santé ? Je suis épuisé et j'ai le sentiment que je vais être incapable de me lever. Mais comme chaque jour la sonnerie du réveil de Hoda retentit, et la quinzaine de néons vient frapper nos paupières : impossible de rester sous la couette.

Je regarde les autres se préparer : hier, ils ont imaginé leurs « costumes », étudié soigneusement leur maquillage. Moi non. Hoda et Lucie sont déjà prêtes. Dans un coin, Sofiane répète la danse. Je me sens en total décalage. Il est huit heures trente. Dans une demi-heure, début des évaluations. Je suis totalement désemparé, et ne me sens pas prêt du tout.

Quand on m'appelle sous le chapiteau, je sais que ce ne sera pas facile. Mais c'est à moi de faire mes preuves. Côté costume, il a fallu improviser rapidement. Sandy m'a prêté un collant à franges, un peu espagnol. Un truc très féminin. Lucie m'a confié un haut tout mignon. Je me suis chargé de la partie maquillage, me peinturlurant lèvres, yeux et sourcils au crayon bleu, me poudrant avec du far à paupières blanc... Bon, ce maquillage raté était censé évoquer la mort, ou le cancer qui a emporté Marcia... Le cri de joie – ou le rire ? – d'Isabelle Charles me fait comprendre sans ambiguïté que le comique l'emporte sur le tragique. Je m'efforce de rester de marbre, et évite soigneusement tout commentaire. Oscar m'a déconseillé de l'ouvrir pendant les évaluations. On est là pour se faire juger, pas pour donner son avis. Un peu de respect ! Pas trop de familiarité avec les profs, c'est mal vu dans ces moments-là. En tout cas, tant que les caméras tournent. Parce qu'en dehors ça ne gêne plus personne et j'ai même l'impression que c'est plutôt bien vu d'être un peu insolent.

Milo me demande si je suis prêt. Un signe de tête pour acquiescer. La musique, à fond, retentit sous le chapiteau. Je me sens vraiment mal, pas dans mon assiette, et plus stressé que jamais. Mais je sais aussi que cette chanson aujourd'hui, c'est ma seule chance de convaincre, n'ayant pas appris la chorégraphie. Les profs s'amusent de me voir dans cet accoutrement. Je mets le bazar, je surjoue. Je suis entre la folle hystérique et l'acteur de théâtre. Je m'approprie la chanson et je m'éclate. Je n'ai que quelques minutes pour m'imposer, alors je me lâche et me donne à fond. Je danse n'importe comment. Puisqu'ils veulent du show, je leur en offre. Face à moi, comme chaque fois, Kamel reste stoïque. La chanson se termine. Un « merci » de la bouche de mon directeur. Silence. Les profs demeurent figés derrière la table blanche.

— Alors, tu vas danser, t'attends quoi ? me lance gentiment Isabelle Charles.

C'est là que tout se complique. J'explique que je suis surpris qu'elle me le demande puisqu'il est prévu que je ne danse pas aujourd'hui. J'ajoute qu'ils devraient être au courant, et que c'est une décision de la prod. Je m'étonne qu'on ne les ait pas tenus informés de mes problèmes de santé... Non, non, elle m'assure qu'ils ne savent rien. Gérard Louvin reprend le flambeau :

— Attends, tu viens de danser comme un malade pendant quatre minutes, et tu ne veux pas faire la chorégraphie ? C'est se ficher de nous !

Je réexplique et le ton monte. Je raconte exactement ce qui s'est passé et, à part Milo, je pense que tout le monde s'en tape. Les malaises, l'hôpital, la décision d'Angélique. Je ne peux pas croire qu'ils ne sachent rien. Et ces airs de suspicion dans leurs regards, dans leur ton... Je sors les griffes. Face à moi, les cinq agents du FBI, sous leur plus mauvais jour, m'insupportent. Ça filme à fond, les caméras se rincent l'œil. Je me sens pris au piège de la télé-réalité. Je disjoncte ! Je leur jette à la figure que je les trouve nazes, que je les emmerde aussi. Je sors mon plus beau vocabulaire, un ouragan me traverse la tête. Je n'en ai plus rien à faire de leur émission de télé, je ne veux plus qu'on triche avec moi. On ne me monte pas des plans à la con, c'est hors de question. Je sors du chapiteau en continuant à les insulter. Louvin s'indigne : « On ne peut plus rien dire, on se fait engueuler ! » Et comment ! Ils viennent juste de me prendre pour un imbécile. Je suis furieux, hors de moi. Je croise un ou deux autres candidats, je ne sais plus qui. Ils ne comprennent pas ce qui vient de se passer. Je fonce tout droit vers le château où je décroche le téléphone. Les caméras me suivent et n'en perdent pas une miette. Toujours en tenue *Marcia baïla* avec mes collants et mon maquillage, ridicule au possible, je hurle dans le téléphone :

— Dites à Sansonnetti que je n'aime pas qu'on m'enc... Je prépare mes affaires et je me casse. Prévoyez un taxi dans cinq minutes, je me tire de votre émission de m...

La pauvre « story » – c'est ainsi qu'on appelle les gens qui travaillent en coulisse – n'a pas le temps de dire ouf. Je retourne au pas de charge vers la résidence. On s'agglutine autour de moi, les autres veulent des explications. Radia cherche à savoir ce qui ne va pas. D'autres aussi tentent de me faire parler. On s'adresse à moi, mais je n'entends rien. J'insulte, j'insulte... Je rassemble mes affaires à la hâte et boucle mes valises en tentant de ne rien oublier. Je suis excédé. Vivement que je me casse de cet univers, de ce piège permanent. Chargé comme un baudet, je me traîne péniblement jusqu'à la grille. Je bous. La porte ne s'ouvre pas. Je franchis les arbustes qui nous cachent et nous séparent de la partie production. Angélique sort alors, et je me retrouve, surpris, face à elle.

— Viens, on va discuter.

Je lui gueule que oui, on va discuter, que c'est vraiment un milieu de m... qu'on ne peut faire confiance à personne, qu'elle m'avait promis de mettre tout le monde au courant. Je ne peux pas me calmer, au contraire, la colère continue de monter. Je hurle, je donne un grand coup de pied dans une immense poubelle noire, pleine de sable, et l'éclate. Angélique m'attrape par l'épaule et, effrayée malgré tout, me lance :

— Vas-y, frappe-moi aussi tant que tu y es !

Elle pense que le coup de pied lui était destiné et que je veux la fracasser. Elle se trompe de candidat ! Je veux partir, je lui dis qu'elle raconte n'importe quoi, le ton monte encore. De l'autre côté, j'entends Radia qui hurle à son tour. Je pense qu'elle me soutient, et je suis touché par son coup de gueule. En fait, j'apprendrai par la suite qu'elle m'insulte et me traite de débile de vouloir sortir. « Tu ne te rends pas compte de la chance que tu as d'être ici. » D'être ici, O.K., c'est vrai. Mais pas à n'importe quel prix ni dans n'importe quelle condition. Je me dirige vers l'allée centrale, celle qui mène à l'entrée du château. Je ne fais que quelques pas et m'effondre, en larmes. Je suis complètement perdu. J'aimerais comprendre pourquoi ils m'ont fait ça. Avaient-ils envie de me saboter ? Voulaient-ils avoir une bonne raison de me nominer ? Qui sont mes vrais alliés ici ? Mes pleurs apaisent Angélique et la rassurent aussi un peu. Elle a eu très peur que je lui en colle une ! J'ai honte de l'avoir effrayée. Si quelqu'un est à notre écoute depuis le début de l'aventure, c'est bien elle. Elle ne méritait pas ça. Elle m'invite à me calmer et à m'installer un instant dans la salle d'attente, là où les gens patientent certainement quand ils viennent rendre visite à la production. Je me réfugie sur un coin du canapé, et demande des cigarettes et des mouchoirs. Et c'est reparti pour trois heures de sanglots non-stop... Moi qui m'étais juré de ne pas verser la moindre larme pendant la Star Ac ! Angélique, formidable pendant ces longs moments, me propose de me laisser me détendre, et de discuter « tout à l'heure » avec Gérard et Isabelle. Gérard et Isabelle ? C'est hors de question. Si je les revois, je leur casse les dents ! Angélique hausse un peu le ton :

— Bon, Mathieu, tu vas te calmer ? Je reviens dans un quart d'heure, ça te va ?

Puis elle me serre contre elle, essaie de me réconforter, ne sait pas trop comment s'y prendre.

— Ils étaient au courant. Je ne comprends pas pourquoi ils ont agi comme ça. J'attends qu'ils finissent les évaluations et je vais avoir une bonne explication avec eux. Si tu souhaites partir, Mathieu, je ne vais pas te retenir. Je veux juste que tu fasses le bon choix et que tu ne le regrettes pas.

Et moi, j'ai une idée fixe :

— Laisse-moi me barrer, vous êtes des traîtres.

Une petite heure plus tard, j'aperçois les profs qui reviennent des évaluations. Entre-temps, comme à un détenu avant la guillotine, on m'a accordé mes dernières volontés : un bon plateau-repas, une boîte de Kleenex et un paquet de cigarettes. Royal !

— À qui veux-tu parler ? me demande Angélique.

— À personne.

Finalement, si. À celui que je considère comme mon ami, celui qui pour moi n'a pas joué le jeu des caméras, Milo.

Milo arrive donc, peinard. Et là, je m'écroule – encore – dans ses bras. Il se doutait bien qu'il allait me trouver dans pareil état. On discute, on discute, on discute. La production l'appelle pour délibérer des prochains nominés à l'étage. Il refuse, puis finalement monte. « Ça ne va pas être long. » En effet, cinq minutes plus tard, Milo fait sa réapparition dans ma « cellule », en m'expliquant qu'il vient de se fâcher à son tour avec les autres profs. J'ai effectivement entendu que ça gueulait sévèrement...

J'ai une obsession en tête, téléphoner. J'ai besoin d'avoir l'avis de Serge, mon manager et ami depuis toujours, d'Anne-Lise qui saura me réconforter, de ma mère aussi. Personne n'est joignable ! Angélique m'a pourtant prêté un téléphone. Ça me rappelle cette anecdote où un ami, un jour, tente de joindre SOS Suicide, et il entend : « Le numéro que vous venez de composer n'est plus attribué... » Visiblement, personne n'est disponible. C'est vrai que la vie continue à l'extérieur du château. Pourtant, je sais que tout le monde s'angoisse. Nicolas, mon guitariste, regarde le « live » et a prévenu ma mère que j'ai pété les plombs pendant les évaluations et que je ne suis plus à l'écran. Je ne veux toujours voir personne. Angélique revient plusieurs fois. Elle ne comprend toujours pas, même après la chaude réunion, ce qui a pu se passer. A priori, ils n'auraient pas fait attention à ce qu'elle leur avait dit quelques heures plus tôt. Mensonge ou pas ? Personne ne le saura jamais.

Le temps passe, mes larmes sèchent. Je suis seul dans ce bureau enfumé par le paquet de cigarettes que je viens de descendre. Gérard Louvin et Isabelle Charles, apparemment un peu ennuyés de ce qui vient de se produire, attendent mon feu vert pour venir me voir. Le comble ! J'avoue prendre un certain plaisir à les faire attendre quelques minutes. Ça ne leur fait pas de mal de payer un peu leur machination.

Accompagnés d'Angélique, les voilà tous les deux face à moi. Isabelle est la plus gênée. Louvin attaque fort :

— Un artiste n'est jamais malade, surtout quand on fait de la télé. Moi qui ai bossé avec Claude François et avec Chamfort...

Son discours m'agace et je m'emporte une nouvelle fois. Je lui rappelle qu'Oscar Sisto, deux jours plus tôt, a annulé un cours parce qu'il était au fond de son lit. Et je lui fais remarquer que les artistes dont il me parle n'ont pas eu à affronter les caméras vingt-deux heures par jour. Le ton n'est pas à la franche camaraderie. Isabelle, à la demande de Gérard, s'éclipse, tout comme Angélique, partie, elle, travailler sur la quotidienne. En privé, le ton est plus serein. Gérard Louvin me déclare qu'il m'aime bien, que ce qui vient de se passer l'ennuie, ne s'excuse pas vraiment mais affirme que c'est dommage. Un peu têtu, j'accepte en bougonnant ce que me dit mon directeur. Je sais que ce n'est pas un méchant, qu'il fait ce qu'il peut pour nous, et je l'aime bien aussi. Avant de repartir, il me glisse :

— Ne prends pas la mauvaise décision, tu sais que tu as ta place au château.

Il est bien gentil, mais je reste à convaincre.

De nouveau, je tente d'appeler Serge et, cette fois, je réussis à l'avoir. On discute, je m'explique. Ça me fait un bien fou de pouvoir parler à un ami, sans limitation de temps. Lui me dit de ne pas quitter le navire en mer.

— Tu te feras virer bien assez tôt maintenant ! me lance-t-il pour me décrocher un sourire.

Il sent que ça ne va pas. Je le pense inquiet. À l'extérieur, ça communique beaucoup, les portables fonctionnent bien. Bien sûr, il sait que j'ai annoncé mon départ de l'émission.

Je tente également d'appeler maman. Et elle aussi, elle décroche. Elle est paniquée. Elle ne veut pas me laisser là. De gré ou de force, elle est prête à venir me chercher le lendemain, et elle avait déjà imaginé une expédition avec mon pote Nico si elle n'avait pas de nouvelles. Sacrée maman ! Rester ou partir ? Elle est mitigée, me dit de faire comme je le sens.

— Je te tiens au courant.

C'est ce que je lui dis avant de raccrocher.

Anne-Lise reste injoignable. On est en plein après-midi, et évidemment elle est en cours. Ça me fout la rage de ne pas pouvoir l'avoir.

À qui téléphoner ? La fatigue est telle que j'ai oublié tous les numéros de mes amis. Je n'ai aucune idée de qui je pourrais joindre. J'ai encore besoin de parler, mais je ne sais plus à qui. On frappe à la porte de ma « cellule ». C'est Angélique qui vient me passer Alexia Laroche-Joubert sur son portable. C'est reparti : je fonds encore en larmes. Alexia est désemparée, désolée. Elle aussi m'encourage, argumente, me rassure, m'apaise. Je lui dis être à bout et ne plus vouloir subir de pression d'aucune part. Elle revient sur les évaluations et se dit choquée par l'attitude des profs. Décidément, on tourne en rond. Pourtant, son appel me fait du bien. Je progresse sur la voie de « Si je pars je fais une connerie ». Serge + Alexia + Gérard + Isabelle ! Quatre sur cinq pour que je reste. La cinquième, c'est maman. J'hésite.

Je me repose encore un peu. Au téléphone, j'ai Djéa, le docteur, Dominique, la psy... Ils essaient également de me calmer, de me réconforter. Au bout d'une heure et demie, Angélique réapparaît. Je reverse encore quelques larmes. Et là, ça ne triche pas. Je la sens elle aussi attristée. On discute encore, on se regarde, on s'explique. Elle finit par me convaincre de rester après m'avoir présenté ses plus plates excuses...

Me voilà donc reparti pour le show ! Il va falloir réintégrer l'émission en plein milieu du cours d'Isabelle. Pas évident ! Mais la télé-réalité n'attend pas. Il ne faut pas oublier que nous sommes les acteurs du programme. Plus vite les embrouilles de ce type sont arrangées, mieux c'est. Me revoilà donc côté spectacle. Je refais mon entrée dans le poste de télévision. J'ai quitté la partie cachée de notre prison dorée, avec la promesse qu'on ne me refera pas de coup comme ça. Y a plutôt intérêt ! Ça a été un peu la panique, je pense. Un deuxième après Émilie, qui a quitté l'aventure à ses débuts, ça aurait fait beaucoup.

Je ne suis pas le seul à avoir eu envie de partir du château. La plupart ont traversé des moments de doute. Lucie, Sofiane... Ça nous a pris comme ça. Une dose de surmenage, de grande fatigue, et on a vite fait de boucler ses valises. Quand je me retourne sur l'aventure, je me dis que j'ai bien fait de ne pas partir au bout de sept semaines.

Malgré toutes ces péripéties, j'arrive sur le huitième prime plutôt décontracté. Et je ne suis toujours pas nominé ! D'ailleurs, personne n'en revient. C'est du délire ! Et au château, ça fait énormément parler. Pour certains, pas mes meilleurs amis, j'aurais monté mon surmenage de toutes pièces pour échapper à la nomination. Sans commentaire. Et aussi sans importance. J'ai maintenant compris que je suis dans un jeu. C'est de plus en plus perceptible. On m'annonce que je vais chanter en duo avec Harlem. Surprenant ! J'imagine qu'il s'agira d'un *Face à la mer* où nous devrons nous substituer à Calogero et Passi. Pas du tout ! Nous allons chanter avec une star des seventies que je connais bien : Michel Delpech. Je l'ai côtoyé pendant tout l'été puisqu'il partageait l'affiche de la tournée avec Marie Myriam. Nous nous sommes vus à maintes reprises. Sur le plateau, il ne me reconnaît même pas. Pas grave, je chante et j'y prends du plaisir. Harlem aussi, d'ailleurs, s'amuse à chanter ce medley et à entraîner le public de plus en plus chaud sur un « on dirait qu' ça t' gêne de marcher dans la boue » mémorable. Succès fou pour le chanteur qui est venu présenter son nouvel album et un single très réussi. Ça reste un bon souvenir malgré le peu de contact avec l'artiste.

Pour moi, c'est un sacré prime ! J'apprends que O-Zone sera invité du prime. Tout l'été, comme tout le monde, et surtout comme tous ceux qui font la fête en vacances, en boîte, dans les campings, j'ai entendu *Dragosta din teï. Le* tube de l'été. Après tout ce qui vient de se passer, j'ai besoin de m'éclater, et je fais savoir à mes camarades et en salle d'interview que j'adorerais chanter avec le trio ! Tout le monde est un peu surpris, et on me cuisine, assis sur la chaise, face à la caméra. Je comprends bien en entendant toutes ces questions que la chanson sera pour moi. Enrique sera de la partie, et on s'éclatera comme des dingues à chanter n'importe quoi et assez n'importe comment. Que veut dire cette chanson ? Que raconte-t-elle ? C'est encore le mystère. À part le « Alo », je ne sais toujours pas de quoi ça parle, et personne n'a pu me répondre. Grandiose !

Chapiteau, cours de danse, répétition du huitième prime. J'y vais sans m'inquiéter. Kamel a bien compris que je ne serai jamais Patrick Dupont. J'attends donc tranquillement qu'il « retienne » les élèves concernés par la préparation des chorés du prime sans même ôter mon blouson. Cette semaine, pas de chorégraphie sur Michel Delpech ni sur O-Zone. C'est compter sans Kamel ! Pour me remercier de la motivation dont je fais preuve pendant les heures de danse, il tient à me féliciter et il m'annonce, le sourire aux lèvres, que je vais devoir assumer vendredi soir le rôle de « chef des Bratisla Boys » dans une chorégraphie qu'il me dévoile. C'est tout simple, Harlem, Greg et moi devrons reprendre les trois rôles du « défunt » groupe. L'idée est géniale, et nous nous faisons un malin plaisir à répéter durement une chorégraphie certes très simple, mais très physique. J'adore le second degré, et je crois que vraiment cela me fait le plus grand bien. C'est tout ce dont j'ai besoin pour décompresser. J'aborde enfin un prime dans la décontraction. Et je m'amuse bien à enfiler le costume traditionnel écossais, cornemuse brisée au bras. Je suis le seul à être au courant de la venue de Mickaël Youn et de Vincent Desagnat. Il faut dire que j'ai les yeux et les oreilles qui traînent un peu partout. Mais je sais tenir ma langue.

Sur le prime, les non-nominés sont au sous-sol avec les équipes de maquillage, de coiffure, quelques profs, les musiciens. Tout le monde se côtoie, mais n'est pas censé se parler, histoire d'éviter qu'on ne se fasse prêter un portable pour contacter l'extérieur. Ce qu'on réussit à faire quand même de temps en temps, avec d'infinies précautions, pour ne pas se faire attraper. Quant aux nominés, ils sont isolés tous les trois au rez-de-chaussée. Je ne comprends pas vraiment pourquoi, mais il s'agit sans doute de faire augmenter la pression au maximum. Pour moi, jusque-là, c'est chaque semaine le même rituel. Arrivée à La Plaine vers onze heures, répétitions aussitôt, déjeuner à treize heures, puis à quatorze des interviews en compagnie de David Rigot, l'attaché de presse de TF1, ou bien des filles de son équipe, Juliette, Élodie, Émilie... Il y a toujours beaucoup de monde pour nous encadrer, et ça nous change les idées d'être avec eux. À partir de quinze heures et jusqu'au soir, répétitions et essayages s'enchaînent, puis maquillage et coiffure. À vingt heures trente, vingt minutes avant l'antenne, nous sommes tous appelés sur le plateau pour qu'on nous équipe de micros et d'oreillettes. Avant chaque émission, je suis noyé dans le stress. Ce moment en compagnie de l'équipe technique, avant de se jeter à l'eau, est pour moi réconfortant. Avec eux, je me trouve sur la même longueur d'onde : Alex et son équipe, ses régisseurs, les techniciens, ces gens de l'ombre. Entre nous respect mutuel, mais aussi et surtout quelques conneries qu'on se raconte pour oublier la tension et notre quotidien, rêvé mais un peu difficile.

Au château, ça va... Je me sens de plus en plus proche de Hoda, et les rumeurs vont bon train à l'extérieur. Elle a un chéri, j'ai une chérie, mais les gens nous considèrent comme trop proches. On s'en fout et on s'aime fort. Nous savons très bien que nous sommes deux bons potes et que nous nous soutenons et nous serrons les coudes. C'est une condition de survie ici. Elle et moi, nous nous disons tout. Tout de chez tout ! Le soir, quand on est un peu à bout, on déconnecte nos micros, on s'enferme dans les toilettes tous les deux, et on se raconte nos états d'âme. Bien plus discret que la salle CSA, c'est le lieu où nous échangeons nos « Anne-Lise ne va pas bien », « Christophe me manque », « Je suis en train de péter les plombs », « J'en peux plus ». Nous savons que tous les deux, jusqu'à la fin de l'aventure, nous ne nous lâcherons plus. Et d'ailleurs l'aventure continue pour elle comme pour moi. Les deux enfants que nous sommes redevenus, au château, sont émerveillés par toute cette machine qui nous entoure, ces moyens déployés pour nous. Ce parc géant, les feuilles qui tombent, les couleurs de l'automne. Et puis le décor dans lequel nous évoluons, et les deux ailes du château en carton-pâte, ces fausses pierres qui sonnent creux. On est comme dans un film, heureux... Un film dont on ne sait pas quand il se terminera.

Mes disques... et moi

Poursuivre l'aventure le plus loin possible, tel est à tous notre objectif. Pour profiter un maximum des cours qu'on nous dispense, pour participer à cette tournée dont nous rêvons. Et bien sûr, et c'est pour moi l'essentiel, pour pouvoir enfin enregistrer un album à moi.

Avoir un disque... Faire un album ! Depuis cette première expérience pour mes seize ans, financée par la famille et qui m'a quand même permis de faire mes premières télés, il ne s'est rien passé. Les petits boulots se sont enchaînés, jamais bien loin de mon objectif principal. Mais les années se sont écoulées, et je n'ai toujours pas fait ce disque dont je rêve.

C'est une rupture, une vraie, en 2001, qui m'oblige à me reprendre et à faire avancer les choses. Celle que j'aime me tourne le dos, et je suis au fond du trou. Déprime totale. Je ne connais pas encore grand monde à Paris et je n'ai pas de pied-à-terre dans la capitale. Heureusement, deux amis m'épaulent et me soutiennent dans ce moment si sombre de ma courte existence. L'un, Thierry, avec sa femme Johanna, m'héberge chez lui plusieurs semaines. Jusqu'au jour où, lassé de m'avoir sur le dos dans cet état, il fait lui-même les démarches pour me trouver l'appartement dans lequel je vis toujours aujourd'hui. Je ne me rasais plus, ne mangeais plus, passais mes journées à pleurer. Un cadavre ambulant!

L'autre, c'est Serge. Il ne me donne pas vraiment le choix : « Soit tu te laisses sombrer et tu coules, soit tu te raccroches à ce que tu aimes faire et ce dont tu rêves : la musique. » Serge est là à n'importe quel moment du jour et de la nuit pour me parler. Il n'a pas peur de recevoir des appels sur son portable à des heures impossibles, là où l'angoisse est la plus grande, la plus forte, la plus déprimante. Un jour, alors qu'il me raccompagne en Normandie où il habite aussi, je profite de l'occasion pour lui faire découvrir mes maquettes. Celles enregistrées avec François Bernheim et Rémy Sarrazin. Serge travaille dans la musique, et je sais que son oreille n'est pas complaisante. Ce qu'il entend le séduit, preuve en est cette proposition qu'il me fait :

— Tu te trouves une salle pour jouer à Paris, et je fais venir les maisons de disques.

Ça ne se refuse pas! Je mc mets donc à la recherche d'un lieu, sans pouvoir le louer bien sûr, faute de finances. Je me fais inévitablement jeter par deux ou trois salles, jusqu'à ce que je tombe sur Anne, une demoiselle charmante, responsable de la communication au Club Med World. Je lui parle longuement, essaie de la convaincre de l'importance de cette date pour moi. Elle me dit : « O.K., on va le faire! » Elle ne me connaît pas, elle m'a juste écouté. Il y a aujourd'hui encore des gens qui savent donner leur chance à des débutants. Ils méritent qu'on les remercie.

Je suis fou de joie, et m'empresse d'appeler Serge pour

lui annoncer qu'une date est calée du côté du Village de Bercy, à Paris.

— Bravo, maintenant je m'occupe du reste.

Et sans le « reste », cette soirée aurait été d'une grande inutilité ! Alors mes copains et moi, en Normandie, on a bossé comme des acharnés, répété les morceaux comme jamais on ne l'avait fait auparavant. Surtout ne pas se louper ! On n'a pas le choix. Un concert pour convaincre : soit on se fait remarquer, et tous les espoirs sont permis, soit il ne se passe rien, et pour les années à venir je n'ai pas grand-chose à espérer.

Serge me met un peu la pression. Lui, le perfectionniste, veut que toutes les chances soient de notre côté. Il sollicite le Tout-Paris pour venir me découvrir.

31 mai 2001 : jamais je n'ai eu aussi peur avant un concert. Mes compagnons de route sont bien arrivés dans la capitale, et viennent jouer gratuitement à mes côtés, parce que eux aussi y croient. Serge a mobilisé, et pas qu'un peu ! Dans la salle, des responsables des plus grandes maisons de disques françaises : le P-DG d'EMI Music, Jean-Claude Camus, le directeur artistique de BMG, Philippe Delettrez, celui de WEA...

Nous montons sur scène. C'est parti pour quarante-cinq minutes de créations personnelles. Je me lance sans trop réfléchir. J'aperçois le public dans la salle. Ce public si particulier, qui peut décider de mon avenir. Un public que je sais dur avec les petits nouveaux. Au premier étage, des gens mangent, ils se fichent pas mal de ce que je chante. Mais il faut rester concentré, car c'est en bas que tout se joue. Petit à petit je me sens plus à l'aise. Je termine par une reprise, *Je m'voyais déjà* d'Aznavour. C'est une chanson de circonstance...

À ma descente de scène, le premier à venir vers moi

est Philippe Delettrez. Pour moi, ce n'est pas un inconnu. Toujours cette fichue habitude de lire les pochettes de disques. Je sais grâce à cela qu'il a travaillé avec un groupe que j'adore, les Innocents. Et aussi avec Sirima, la jolie interprète de *Là-bas* avec Jean-Jacques Goldman. À l'en croire, Philippe est conquis par ce qu'il vient d'entendre. Je respire. Il faut dire que, ce soir, je me suis trouvé particulièrement mauvais. Sans doute à cause de la pression énorme, et du parterre redouté. Philippe va plus loin que le simple compliment. Il veut que l'on se voie, vite. Il me propose un rendez-vous, un déjeuner. Je n'en crois pas mes oreilles. Il m'explique que WEA a un nouveau président, Yan-Philippe Blanc. Qu'on recherche de jeunes artistes. Ainsi, je suis donc intéressant pour une maison de disques... Je n'en reviens pas !

À l'« Appart », l'appartement privé du Club Med World, où nous avons prévu un petit cocktail, je serre les mains de ceux qui me regardaient dans le noir. Tout le monde me félicite. J'ai l'impression de vivre un rêve lorsque Jean-Claude Camus me dit qu'il a été emballé par ce qu'il a vu. Le plus grand des producteurs de spectacles me glisse même qu'il aimerait bien travailler avec moi. Mes musiciens et moi jubilons. Quel bonheur ! Ce soir, j'ai le sentiment qu'il se passe enfin quelque chose.

Ensuite, tout va très vite. Là encore, l'ami Thierry est d'un précieux soutien et me conseille un bon avocat d'affaires. Serge, quant à lui, s'occupe de donner suite, de faire patienter, d'être mon relais. Par courrier et par fax, je reçois finalement trois propositions de contrats : BMG, EMI et WEA. En une soirée, nous avons réussi à convaincre des professionnels pourtant si exigeants.

Avec Philippe, je discute beaucoup. Il prend le temps d'être rassurant et honnête à chaque instant. Malheureusement, très tôt, au bout du deuxième rendez-vous, il m'annonce qu'il quitte la maison dans laquelle il veut tout de même me faire signer. Je lui dois énormément. Sans lui, sans sa présence ce 31 mai, sans sa conviction auprès de son P-DG, je n'aurais jamais eu la chance de faire ce premier album. Pas tout de suite en tout cas. Les autres majors me proposaient seulement d'enregistrer un single.

Serge et Jean-Claude Camus se parlent assez souvent au téléphone. Ils sont tous les deux d'accord sur ce qui leur semble une évidence : signer avec Yan-Philippe Blanc. Il sort d'un label prestigieux chez Universal : Mercury. Il y a connu de nombreux succès : David Hallyday, Saez, Calogero... Jean-Claude nous parle longuement de l'homme franc, droit, honnête qu'il connaît. Ce grand homme blond est très respecté dans le monde du disque. Je signe presque les yeux fermés le contrat qu'il me propose. Beau contrat pour un jeune artiste. Et belle avance qui me permet de voir venir un peu et d'être à l'abri pour quelque temps. Je vais enfin pouvoir enregistrer mon album, avec de vrais moyens et de vrais pros.

Nous signons donc mon premier contrat d'artiste dans le bureau de Yann-Philippe. Instant solennel. J'ai demandé à François Bernheim et à Rémy Sarrazin d'être là. Deux amis qui ont cru en moi bien avant qu'une maison de disques s'intéresse à moi. Champagne !

Il y a aussi une rencontre avec deux types extra, qui bossent chez Warner Chappell, la maison d'éditions à qui Yan-Philippe a demandé de s'occuper de mon cas. Christophe Piot et Tom Aréna me font confiance dès le premier rendez-vous, et je décèle même chez eux un véritable intérêt pour mes chansons. Ils craquent littéralement pour deux de mes auteurs normands, Béatrice et Nicolas Auvray. Un vrai coup de foudre artistique qui se solde par un beau contrat éditorial. Eux aussi voient dans mon album un succès potentiel.

Comble du comble, Yan, en écoutant les chansons, pense que mon premier single est *Vendredi soir*, un titre signé Ariane Carletti et Rémy Sarrazin. Cette même chanson que tout le monde me jetait à la figure quelques semaines auparavant. On en change le titre et cela devient *Je me demande pourquoi*. Ce sera un réel succès en radio.

Chez WEA, mon directeur artistique s'appelle Dominique Gau. Il a notamment travaillé aux côtés de Pascal Obispo. C'est un mec bien, motivé, s'impliquant en studio, défendant le projet. On se rencontre souvent avec Dodo – c'est son surnom –, on échange sur l'album. Le courant passe, on a les mêmes envies. Il me parle de Jean-Yves d'Angelo. *Le* Jean-Yves d'Angelo. Celui de Jonasz, de Julien Clerc, de Bruel ! J'accepte sur-le-champ. Et puis Dodo me dit qu'il verrait bien une équipe comme Christophe Deschamps à la batterie, Michel-Yves Kochmann aux guitares, Denis Benarrosh aux percussions, Hervé Brault à d'autres guitares... Bien sûr, je connais tous ces noms-là. Et franchement, je n'en reviens pas qu'on me les propose, à moi, un débutant.

Une fois l'équipe réunie, je me retrouve enfermé pour quinze jours en studio, quinze jours passionnants, pour enregistrer les chansons de l'album dont j'ai choisi le nom : Il s'appellera *La Désirade*.

J'ai décidé de dédier ce premier album à Julien. C'est un garçon de mon âge dont j'étais très proche petit. Un jour, nous avions quinze ou seize ans, Julien est parti

« compter les étoiles une à une ». Lui, le rêveur, le tendre, le joli garçon, le mec qui n'avait peur de rien, le Monsieur Nature. Il est parti dans des circonstances tragiques, un accident absurde, incompréhensible, sur lequel je ne veux pas revenir. La douleur est toujours là. *La Désirade*, la chanson qui donne son titre à l'album, est un peu devenue son hymne. Pourtant, à l'origine, Stéphane Cadé, l'auteur, et Florent Marchet, le compositeur, ne l'ont pas écrite pour lui. Mais, en l'entendant, j'ai eu envie de la lui offrir.

Julien est parti en emportant tous nos secrets d'enfants. Il était au courant de la sombre histoire qui avait bouleversé mon enfance. Il avait même rencontré mon « bourreau », sans heureusement en faire les frais. Julien, je l'aimais comme un frère, comme un pote, comme un fou ! Un an ou deux avant qu'il mette les voiles, on avait fait plein de trucs ensemble. On courait un peu les filles, et il avait plutôt bon goût ! Dire qu'il avait plus de succès que moi n'est pas faux, avec sa gueule d'ange. C'était un garçon ouvert et d'une grande intelligence. À chaque concert que je donne, je continue de chanter *La Désirade* avec la même intensité, la même émotion. Je la chante pour lui.

« Surtout ne me dis rien, ne me raconte pas la fin, c'est moi qui ai gommé les lignes de mes mains... »

C'est comme ça que se termine la chanson. Comme si je refusais qu'il nous ait quittés... Lorsque je rentre à Saint-Lô, il m'arrive souvent de m'arrêter chez ses chouettes parents, Mimi et Billy, pour leur faire un ou deux bisous et leur dire combien je les aime.

Je rencontre donc pour la première fois en studio les musiciens dont les noms m'ont fait rêver. Quelle équipe !

Le budget de l'album est de plusieurs centaines de milliers de francs. On va même jusqu'à enregistrer une trentaine de cordes au studio Méga de Suresnes. Quelques titres vont en bénéficier, dont le premier extrait, *Je me demande pourquoi*. Je garderai longtemps l'image de ces trente musiciens ce matin-là dans le studio. Moment magique et tellement prenant.

Chez WEA, c'est une jeune femme au sourire bien sympathique qui s'occupe de moi. Elle est ma « chef de projet ». C'est elle qui coordonne tout. Lorsque j'arrive, elle s'occupe de la bande originale d'un film qui va bientôt sortir. C'est l'excellent *8 femmes*, de François Ozon. Pour la maison de disques, je suis « un jeune talent en développement ». En développement, oui, mais qui se retrouve déjà confronté au jeu des chaises musicales. Ma souriante chef de projet quitte le navire pour se consacrer à l'écriture. Au suivant !

Quand je regarde le catalogue de ma maison de disques, j'éprouve une véritable fierté à avoir signé chez WEA. C'est un label prestigieux dont les grands noms sont Véronique Sanson, Michel Berger, France Gall, Serge Lama, Lynda Lemay, et pour l'international les Red Hot Chili Peppers, Phil Collins, et même Madonna. J'en mesure d'autant mieux la longue route à parcourir... Mais je ne peux m'empêcher de réagir comme un gamin de vingt-deux ans qui téléphone à maman pour lui raconter tout ça.

— Tu te rends compte ? Je suis sur le même label qu'eux !

Vu comme ça, ça ressemble de très près à un rêve de gosse qui est en train de se réaliser. Combien sommes-nous à avoir cru, parce que nous avions signé avec une maison de disques « importante », que la route était tracée ? L'aventure va durer deux ans et des poussières, mais la relation avec mon label se dégrade assez vite. Le travail n'est pas à la hauteur de mes attentes. Et les résultats pas à la hauteur des leurs.

Mon premier single, *Je me demande pourquoi*, est assez rapidement envoyé aux radios. C'est toujours ainsi que ça se déroule. Aujourd'hui, si un disque ne passe pas en radio, on ne le commercialise pas. C'est pour tous les jeunes artistes comme ça. Alors il faut travailler, travailler. Et ne pas se décourager. Pourtant, les raisons sont nombreuses. Surtout lorsqu'on a l'impression qu'à part trois ou quatre personnes tout le monde se fout du projet. Les réactions à ce premier titre sont assez encourageantes. Je le chante en direct sur RTL dans l'émission « Studio 22 ». Dans la salle, il y a la programmatrice de la station voisine, RTL2. Elle craque sur le titre et réussit à le faire entrer en programmation. D'autres radios suivent. Ce n'est pas *le* grand tube du moment, mais le succès radio est stimulant. C'est le moment d'enfoncer le clou, de renforcer la promotion. Côté maison de disques, je ne sens que peu d'investissement. Déformation professionnelle oblige, je mets un peu mon nez dans les dossiers « promo », j'appelle les quelques contacts que je peux avoir. Et je découvre ainsi qu'on n'a pas pensé à me proposer lorsqu'une radio organise un plateau d'artistes. Alors grogne, disputes, mails, coups de fil au responsable de la promo. Les mois s'écoulent et la tension s'accumule. Avec les passages radio dont j'ai bénéficié, je sais que plus d'une maison aurait commercialisé mon disque. Chez Warner, il n'en est pas question. Et ne parlons pas de réaliser un clip...

Rares sont les télés qui s'intéressent à mon album. La logique est implacable : sans radio, pas de télé, et sans télé, difficile de se faire connaître du grand public. Deux émissions ont quand même fait exception. Tout d'abord, celle animée par Philippe Risoli, sur RFM TV, où je vais chanter mon titre. L'autre est assez inattendue, et c'est un formidable coup de pouce. Un soir, alors que je rentre d'un concert, je me mets au lit et je tombe sur un vrai moment de télé. « Le fabuleux destin... » consacre une émission à Pascal Sevran. Très fan de l'auteur, je me passionne pour ses journaux. Ce soir-là, une amie qui a quitté la France depuis longtemps vient sur le plateau, par surprise, lui chanter un air que Stéphane, son amour disparu, et lui écoutaient inlassablement.

Les chaudes larmes de Sevran me bouleversent, je pleure avec lui. Exit le cliché de l'animateur tiré à quatre épingles, il est à nu. S'effondre sur le canapé et ne retient aucune émotion malgré les caméras qui tournent. Il ne triche pas.

Je suis en larmes. Je me lève, et décide de lui écrire pour lui dire combien sa réaction me bouleverse. Je lui explique qui je suis, ce que je fais, j'en viens à lui parler de ses livres, de sa vie, de ses émissions dont, petit, j'étais la « victime ». C'était un principe, Mamy ne loupait pas une émission de « La chance aux chansons ».

Je referme l'enveloppe, après y avoir glissé quelques chansons, pour partager ma musique et avoir son point de vue.

Quelques jours plus tard, une voix au téléphone : « Bonjour, mon garçon, c'est Pascal Sevran. »

Il vient de lire ma lettre et en est très ému. On discute. Il me dit qu'il n'a pas eu le temps d'écouter mes chansons mais me rappellera pour me donner son avis en toute sincérité. On reste facilement vingt minutes en ligne. Il conclut en me laissant son numéro et en me promettant : « De toute façon je te rappellerai. » Quelque temps plus tard, je reçois effectivement un nouvel appel. Titre par titre, il me dit ce qu'il pense de chacune des chansons envoyées. Puis il me fait une proposition inattendue : venir chanter dans son émission. Il a déjà choisi le titre. Ce sera *La Plus Belle Fille du monde*. Il la trouve « très élégante ».

Depuis, nous nous appelons de temps en temps. Il nous arrive de partager un dîner, et c'est toujours avec beaucoup de respect et de curiosité que j'apprends à mieux connaître l'homme qui se cache derrière le Pascal Sevran du petit écran.

Nous sommes en juillet 2002, j'atteins mes meilleurs scores en radio, mais toute l'équipe est partie en vacances. À son retour, fin août, les radios s'essoufflent et mon single passe à la trappe. Je suis déprimé. Premier échec...

Je me demande si ces gens derrière leurs bureaux, qui voient passer les artistes, se faire et défaire les contrats, se rendent bien compte de ce qu'est l'attente dans laquelle se trouvent les jeunes artistes. Une attente pendant laquelle je n'ai personnellement reçu à peu près aucun signe de ceux avec qui je travaillais. J'espérais un appel, un point de temps en temps, un mail. Mais rien. Au contraire, j'ai l'impression de déranger lorsque je demande où on en est, quels sont les projets, ce qu'on va faire par la suite. Deux mois se passent sans qu'on me donne aucune nouvelle. Et puis, comme je réclame, on organise finalement une réunion au sommet, où la décision est prise de sortir un deuxième extrait de *La*

Désirade. Il s'agit d'une chanson un peu rock, sans prétention, plutôt festive et avec une mélodie qui se retient bien. Elle s'appelle *C'est clair*. La version de l'album est jugée un peu fade, et nous retournons donc en studio pour la retravailler. Dodo, mon directeur artistique, a fait appel à Christophe Voisin, déjà connu pour avoir bossé entre autres avec Zazie. Ce qu'ils me font écouter après quelques jours de travail me semble plutôt séduisant. Le titre a pris un sérieux coup de jeune et je sors du studio assez confiant du potentiel de ce remix. Pour moi, c'est un peu quitte ou double. Je sais que, si le titre accroche, il sortira en CD single, avec *Je me demande pourquoi* en face B. Je passe et repasse chez Warner pour dire et redire combien il est indispensable pour moi que cette chanson fonctionne... Rien ! Il ne se produit rien !

Deux articles de presse, quelques passages sur des radios locales ou régionales, et c'est tout. La situation devient critique. Deux singles successifs pour lesquels l'essai n'est pas transformé, ça fait parler. Et ce n'est jamais bon pour l'image d'un jeune artiste. Sur cet album, j'ai enregistré des chansons qui me plaisent. Mais il est vrai que je ne me suis pas posé la question de la cohérence de l'ensemble. Et dans mon label on commence à me le reprocher. Ceux-là mêmes qui à la première écoute clamaient haut et fort que c'était un album de « tubes énormes » me reprochent à présent de ne pas avoir de titres à la hauteur. On critique aussi Jean-Yves d'Angelo sur les arrangements, on dit que peut-être on aurait dû travailler avec une autre équipe... Les idées sur ce qu'il aurait fallu faire arrivent de toutes parts. Tout le monde a son avis sur la question. C'est bien. Mais un peu tard.

Reste maintenant à repartir en studio, pour le troisième single. On me laisse choisir la chanson que je veux sortir. Déjà trois chansons « exploitées » sur douze enregistrées. Serge est très clair avec moi, lui qui connaît bien les radios :

— C'est en gros ta dernière chance sur cet album ; sinon, on peut déjà penser à en faire un deuxième.

Tout ça est très pessimiste, mais Serge a souvent raison et ce métier n'a plus beaucoup de secrets pour lui. Mon choix est sans appel, on sortira *La Plus Belle Fille du monde*, une chanson d'Hugo Renard. Warner, ou plutôt son P-DG, Yan-Philippe, me dit « d'accord », mais décide de la refaire entièrement. On rappelle Jean-Yves d'Angelo, et on embauche un quatuor, pour une version minimaliste. Une fois encore, la version de l'album ne plaît plus. Si on fait le compte, cet album, dont on m'avait dit tant de bien lors de la première écoute, aura cessé de séduire au bout de quelques mois. Le nouvel enregistrement est très dépouillé, très doux. Deux jours de studio au Palais des Congrès. Le piano de Jean-Yves sonne à merveille, les cordes sont somptueuses... Et le single fait un flop. Tout le monde s'accorde à dire que c'est une très belle chanson, un très beau single. Mais a-t-il été correctement « travaillé » ? Il est de plus en plus difficile de savoir quelles démarches ont été faites ou non auprès des programmateurs. On pose et repose la question au directeur de promo. Il noie ses réponses dans un humour bien à lui que Serge et moi goûtons de moins en moins.

Mon sourire se fige définitivement lorsqu'un coup de fil m'apprend, tardivement, alors que je suis en pause déjeuner entre deux émissions de radio à Saint-Lô – j'ai repris la radio puisque je ne peux pas vivre de ma musique –, que celui qui me fait confiance depuis deux années et m'a offert mon premier contrat d'artiste vient de se planter à moto. Comme le font les héros. Disparu en pleine gloire, au sommet d'une carrière éblouissante. Yan-Philippe ne répondra plus jamais au téléphone. Il ne me dira plus jamais qu'il y croit dur comme fer. Qu'il va reprendre les choses en main, lui-même, comme il me l'avait promis. À l'annonce de cette tragédie, je suis effondré. C'est Serge qui a la lourde tâche de m'apprendre la nouvelle. Nous devions nous retrouver à la rentrée et miser ensemble sur cet ultime extrait, le destin en a décidé autrement. Ma peine est grande. J'imagine celle d'Alexia, sa femme, et de la petite Solveig. Je ne les connais pas encore. Je me réfugie dans ma voiture pour pleurer celui qui m'a donné ma chance, qui a misé sur moi, et que j'ai appris à découvrir, petit à petit. En rentrant à Paris, je m'aperçois à quel point le métier est choqué de cette disparition. Nous étions très nombreux à l'aimer. Nous le sommes encore.

Après ce 9 juillet-là, les relations avec ma maison de disques vont encore se tendre. Les mois passent, la rentrée arrive, et *nada* ! On m'a clairement fait comprendre que, le président disparu, il va bien falloir faire avec ceux qui sont là. Parmi eux, il y a ceux qui ne font pas grand-chose, et puis ceux qui font ce qu'ils peuvent et sans doute aimeraient bien que ça marche pour moi. Mais je ne suis pas une priorité. Je le sens à chaque instant, et c'est déprimant et agaçant. Une semaine, il y a le nouveau single des Red Hot ; la semaine suivante, celui d'Ophélie Winter, puis la sortie de l'album de Serge Lama. Pas vraiment de temps à perdre avec mon disque. Bien sûr, les radios l'ont reçu, mais à vrai dire personne ne s'en soucie. Telle est la règle pour ceux que l'on appelle les « jeunes talents ». Si *la* radio « number one » française ne met pas le disque en programmation, il y a peu de chances de salut. À part ma mère, personne ne connaît mes chansons. Excepté dans ma cuisine ou dans ma chambre, je ne fais aucune date de concert. Je pète les plombs, j'en ai ras le bol.

Enfin une bonne nouvelle ! Jérôme, mon chef de projet, m'appelle pour me dire que la maison pense à moi pour participer à une bande originale de film. Dans cette période de doute, cela suffit à me redonner le sourire. A priori, je vais enregistrer un duo avec Monica Belluci. Enfin, c'est ce qu'on me laisse croire pendant vingt-quatre heures. Finalement, changement de casting, il s'agit de la version française de la bande originale, et ma partenaire s'appelle Léna Ka. Ensemble, on va donc nous entendre sur la chanson générique du film de Gabriel Muccino, *Souviens-toi de moi*. Léna a beaucoup de talent, et sort d'un gros succès, avec la reprise de *Ti amo* en duo avec Umberto Tozzi. Cette expérience avec elle va peut-être contribuer à me faire un peu connaître de certains médias. Et si jamais le film cartonne...

Mais je me rends compte bien vite que le film ne cartonne pas, et je suis le seul avec ma fiancée, à Lorient, dans ce grand complexe multisalle, à écouter le générique de fin du film. Les huit autres spectateurs sont sortis avant... Tant pis, je suis fier de la chanson et heureux de l'expérience. À la sortie, d'ailleurs, j'ai acheté le DVD en double exemplaire. Notre modeste participation n'y figure même pas... C'est la vie ! J'en ai offert un exemplaire à ma mère.

Novembre 2003, nouvelle réunion. Jérôme, mon chef de projet, qui ne cesse de dire qu'il croit en ce projet, doit être là, et ensemble nous devons faire le point et définir notre nouvelle ligne de conduite. En arrivant, j'apprends qu'il ne viendra pas, et pour cause, il est en vacances ! C'est donc le responsable de promo tout seul qui nous reçoit, Serge et moi. À l'ordre du jour, il s'agit de savoir comment nous allons gérer l'échec de ces trois singles, et pour nous de comprendre pourquoi nous avons eu si peu de retours sur le single de la part de l'équipe de promotion de la maison. Notre interlocuteur, se sentant sans doute en défaut d'arguments, nous prend de très haut. Avec de grands airs de mauvais acteur, son humour grinçant, et une mauvaise foi qui me sidère, il nous fait entendre que nous sommes des « tout-petits », que nous avons tout à apprendre, et rien à dire. Ce garçon nous prend pour des cons. Ça chauffe dur entre lui et Serge, la réunion tourne au drame. Je suis exaspéré par son discours, et son mépris si ouvertement affiché. C'est insupportable et je préfère me lever et quitter son bureau en gueulant un peu fort : « Quelle maison de disques de merde ! Rendez-moi mon contrat ! » Discours entendu... Alain Veille, le directeur du label, me laisse un message un soir, en me disant que ce serait bien qu'on se parle. Je le rappelle donc.

Alain est un type bien, j'en suis convaincu. Il ne triche pas et je le sens un peu dépassé par ce directeur promo avec lequel je ne m'entends pas. En clair, Alain m'explique qu'en ce qui me concerne la situation est pourrie. Que son équipe ne croit plus en moi, et qu'il pense que mon départ serait une bonne chose pour moi et pour eux.

J'en rêvais, il l'a fait ! On discute, on réfléchit. Serge une fois de plus analyse très bien la situation : trois échecs, on te rend ton contrat, on va mettre du temps avant de signer quelque part... Si on signe ! Mais je n'ai plus envie du tout de rester dans cette maison dont je sais maintenant qu'elle ne s'intéresse plus à moi. Je négocie donc au mieux mon départ. Alain Veille est d'ailleurs très correct avec moi. Je quitte l'avenue Mac-Mahon et cette maison si prestigieuse avec sous le bras l'intégralité de mes bandes, mes photos, le graphisme de la pochette, et un chèque suffisamment conséquent pour me permettre si besoin de retravailler quelques chansons en studio. Et aussi pour qu'on ne fasse pas d'histoires...

La Désirade est donc dans un carton ! Je passe une dernière fois dans les locaux pour dire au revoir à ceux dont je garderai un bon souvenir. Car heureusement il y en a aussi. J'y revois Fiona, Katherine, Sophie, Cécilia, les inséparables Jérôme et Nico. Et l'autre Jérôme, bien déçu que je m'en aille mais « pas inquiet pour moi ». Je la joue : « Ne vous inquiétez pas, la vie est belle ! » Sauf que, derrière, rien ne m'attend. Pas l'ombre d'une proposition, d'un projet. Rien. Juste l'espoir de maquetter de nouvelles chansons et de séduire peut-être une nouvelle « boutique ». Nous sommes en février 2004. Il faut que je me remette au travail. Plus d'argent en poche. Heureusement, depuis onze mois, pour continuer à gagner ma vie, et pour m'occuper aussi, il y a eu Radio Manche. On m'a proposé d'y refaire de l'antenne et d'assurer la responsabilité de la programmation. Amusant d'être dans la position de celui qui choisit quels titres auront le privilège de passer à l'antenne. Et vu d'où je suis, lourde responsabilité.

La radio, c'est vraiment bien, mais la chanson, c'est tellement mieux... Cette année 2004 s'annonce rude. Je me remets à l'écriture, à la guitare. On travaille aussi avec Nicolas chez lui, à Saint-Lô, sur des chansons à lui ou à moi. Je reprends contact avec Christophe Deschamps, qui me propose d'enregistrer de nouvelles chansons chez lui, près de Paris. Les titres sonnent bien et sont assez efficaces. Christophe y croit et cela me redonne force et courage. Il a composé cinq chansons que je maquette en quelques heures. Les textes sont signés Élodie Hesme, Patrice Guirao, Lionel Florence. De vrais talents. J'en sors un peu regonflé, et Serge me donne un avis positif sur les titres. C'est le moment de les faire entendre !

C'est Mary de Vivo, la patronne du Réservoir, une jolie petite scène parisienne, qui me donne le coup de pouce indispensable en mettant sa salle à ma disposition pour une soirée. À moi de convaincre le métier de venir m'écouter une nouvelle fois. J'ai l'impression de faire un sacré bond en arrière, deux ans et demi après le Club Med World !

À vrai dire, je peine un peu à organiser cette soirée. Je comprends assez vite que les directeurs artistiques ont autre chose à faire que de me prendre au téléphone et, surtout, de venir m'écouter. Un jeune artiste inconnu, avec un premier échec, en pleine période de crise du disque, ça n'a pas forcément très bonne image. L'un d'entre eux quand même me reçoit et accepte de venir m'écouter. Il s'appelle Jean Valère. Il semble convaincu de mon potentiel et aime ce que je fais. Il travaille pour une maison prestigieuse, Sony Music. Hélas, sa maison ne le suivra pas...

Je dois me rendre à l'évidence : c'est un concert pour rien. Je repars dépité, mais heureux d'avoir aperçu quelques visages familiers dans la salle. « La route est longue et le futur réjouissant. » Je me souviens de cette maxime lue sur quelques pochettes de disques à une certaine époque. C'est tellement vrai que je me l'approprie. Une manière comme une autre de se dire qu'il ne faut pas baisser les bras. Pourtant, ce soir, c'est sûr, je trouve la route bien longue, mais je n'entrevois rien de réjouissant dans le futur...

Patience, patience. Il paraît que j'ai une bonne étoile.

Chanter ceux que j'aime

Mon parcours d'avant Star Academy en aura étonné plus d'un. Mes goûts musicaux aussi. Au moment de rentrer au château, on a demandé à chacun d'entre nous une liste de cinquante chansons. Dans cette liste, j'ai noté deux titres, parmi les plus connus, de William Sheller : *Les Filles de l'aurore* et *Un homme heureux*, deux classiques du maître. J'aime ce chanteur, les histoires qu'il écrit, ces moments où sur scène il nous les susurre au creux de l'oreille, assis derrière son piano. Moment de bonheur et d'oxygène. Son répertoire ne colle pas forcément à ce qu'on s'attend à entendre à Star Academy, mais j'ai tenté.

Ce jour-là, Matthieu Gonet m'annonce que sur le prochain prime je vais chanter *Un homme heureux*. Je serai en duo avec Maxime Nucci, qui est venu quelques jours plus tôt au château nous présenter *Alive*, son premier film. Chanter du Sheller à vingt heures cinquante sur TF1, c'est une vraie fierté. Je répète comme un malade cette chanson avec une bande play-back pour être à la hauteur. Je nage dans le bonheur, pour de vrai.

Maxime est assez tendu au moment d'entrer en scène. Nous sommes tous deux assis sur des tabourets de bar, devant le piano de Matthieu Gonet. Une seconde avant de chanter, il me glisse :

— Putain, je suis stressé !

Je n'en mène pas large non plus, mais tente de le rassurer. Je trouve l'artiste touchant de simplicité et de gentillesse. Quelques mois plus tôt, programmateur de radio, j'ai eu l'occasion de diffuser son premier single, *La Cour des anges*. J'en étais très fan.

Isabelle Charles et Gérard Louvin m'énervent beaucoup ce soir-là, me disant qu'ils n'aiment pas trop ma manière de chanter. Pour une fois que j'étais fier de ma prestation, dans la douceur, dans l'émotion, les voilà qui me cassent en direct ! Isabelle me dit même qu'elle n'a pas reconnu la version originale... Et pour cause : lorsque plus tard je lui demande si elle la connaît vraiment, elle m'avoue que non ! Sacrée Isabelle, je sais bien que son truc, c'est le lyrique. En tout cas, ça sent plus que jamais la nomination !

Je ne me suis pas trompé. De toute façon, il fallait bien y passer un jour. Et je sais parfaitement que, pour moi, nomination va rimer avec élimination. Le batteur de planches que je suis se fait une raison : j'ai fait mon temps à la Star Ac et ce n'est pas si mal. Mais déjà la nostalgie m'envahit, et j'avoue que la sortie me fait peur. Jour après jour, je me suis pris au jeu. Je pensais que partir me serait indifférent. Mais boucler mes valises et savoir que peut-être, dans quelques jours, la vie au château continuera sans moi me serre le cœur. Hoda et Lucie sont mes alliées et me boostent. Je craque la veille du prime dans la salle de chant et me retrouve à sangloter dans les bras de la belle Lucie ! Mathieu dans les bras de Lucie ? C'est reparti pour les rumeurs ! Et pourtant nous ne sommes pas « les nouveaux amants du château » mais seulement deux amis qui se comprennent et se soutiennent. Encore quelques larmes pendant le dernier cours de Milo, dont je ne peux me résoudre à me dire que c'est le dernier. C'est vrai, ici je me plains souvent, mais je n'ai pas du tout envie de rentrer demain soir dans mon trente-huit mètres carrés parisien.

Cette semaine, les règles sont un peu particulières pour les nominés, et c'est peut-être ça qui va me sauver. Sandy, Harlem et moi avons la possibilité de choisir la personne avec laquelle nous chanterons. C'est une première et nous avons peu de temps pour réfléchir. Pour Sandy, c'est vite vu : elle choisit son papa, le chanteur Jean-Pierre François. Harlem pense tout d'abord à son pote le DJ. Celui qui « mixe ses sons », comme il dit. Mais il s'imagine qu'il ne voudra pas venir. Et puis il songe à celle qu'il a maladroitement éliminée sur un prime, un mois après le début de l'aventure, celle à qui il pense tant, Karima. Et moi ? Moi, j'ai bien sûr dans la tête celle que j'appelle ma « seconde maman », Marie Myriam. Malheureusement, elle doit subir une petite opération. Rien de grave, mais les quelques heures qu'elle doit passer à l'hôpital tombent justement le jour du prime ! Difficile donc de lui demander de chanter *L'Oiseau et l'enfant*. Pourtant, je sais qu'il va falloir faire fort : Sandy et son père, tous les journaux en parlent. Karima et Harlem, transformés par la presse en « pseudo-couple » de télé-réalité, c'est énorme. Moi et... mon pianiste ? Ça n'intéressera personne, et la production me le fait comprendre. On me relance sur ma fiancée, mais c'est hors de question. Elle n'est pas chanteuse et elle ne veut pas médiatiser notre relation. Je pense alors à l'ami Peyrac, mais de mémoire, il est à cette période au Québec, avec sa femme et cette petite fille venue de Chine, qu'ils attendaient depuis si longtemps d'adopter. Je suis certain que Nicolas accepterait de fredonner avec moi un de ses tubes sur le plateau. La production pourra-t-elle le faire venir de si loin ? Je sais que Nicolas n'est pas très friand des télés, qu'il n'a rien à vendre, que chanter *So far away* lui fera plaisir mais ne l'excitera pas plus que ça... Mercredi soir, toujours pas de réponse. Dans moins de quarante-huit heures, ce sera l'émission et je ne sais toujours pas avec qui je vais chanter. Comme le dit si souvent Sandy, « c'est le drame » ! Jeudi midi, enfin, tombe la nouvelle : la production fait venir Nicolas, qui a accepté. Il doit attraper le premier avion de Montréal. Oui, il reprendra guitare voix *So far away* avec moi, oui, il sera là rien que pour moi ! Je me sens soulagé et je retrouve l'espoir.

Vendredi, sur le prime, Nicolas est là, souriant. « Alors, comment va-t-il, mon manager ? » se moque-t-il en m'embrassant. Il a tout suivi sur Internet à Montréal, il connaît les prénoms des candidats par cœur, me dit que c'est la première fois qu'il regarde le programme et que vraiment y a que pour moi qu'il peut abandonner sa femme et sa jolie Sarah. Quel honneur pour moi, de savoir qu'il va être à mes côtés pour me soutenir dans cette épreuve ! On répète tous les deux, la chanson est trop longue et on nous demande de la couper. Peyrac ne râle pas. « Faites ce que vous voulez », ne cesse-t-il de dire. Il retrouve Gérard Louvin, qu'il connaît depuis des années, depuis l'époque de « Sacrée soirée » entre autres. Il me dit :

— Bon, espérons que je te porte chance...

Vraiment pas facile d'être nominé. Avec Harlem et Sandy, heureusement, c'est l'entente parfaite. On réussit à rigoler un peu dans notre petite loge, en attendant l'heure du direct. Pour l'un de nous, c'est le dernier prime. Fait nouveau, en cas de non-repêchage par le public, Harlem a fait savoir aux autres académyciens qu'il ne fallait pas le sauver. Il est fatigué par le rythme de l'émission. Toute la semaine, les quotidiennes l'ont montré à bout. Il n'a plus vraiment envie de poursuivre. Le dixième prime commence donc et, pour la première fois, je regarde les autres faire leur entrée sur *Laissez-moi danser*. J'ai un peu les boules. Sandy et moi, on se regarde, apeurés. On se serre tous très fort.

Notre attente ne dure pas très longtemps, et assez vite nous faisons notre entrée sur la chanson de Goldman, *Au bout de mes rêves*. J'ai une telle rage, une telle envie de me battre, une telle énergie, que je donne tout. Oubliée l'envie de m'enfuir du château, oubliée la fatigue, je me lâche comme jamais. Le public sur le prime est encore une fois déchaîné. Nous le sentons à deux cents pour cent avec nous, et il nous donne des ailes. Ça vote depuis plusieurs jours déjà. Nikos Aliagas annonce très vite que les votes sont serrés entre deux candidats. Et c'est clair pour moi que ça ne peut être qu'entre Harlem et Sandy.

Vient le moment de chanter avec Nicolas Peyrac. Il s'installe tranquillement sur son tabouret, guitare en bandoulière. Il a le sourire, aucune pression. J'envie son calme. Je suis ému de le voir là. Les larmes montent pendant que je chante cette chanson que j'aime tant, mais je réussis à les empêcher de couler. C'est vraiment la classe de chanter avec lui. Deux minutes de force tranquille, de douceur, d'autre chose. Pas de grosse variété, pas de chanson facile. Puis la chanson se termine, il repart vers les coulisses. Il me glisse : « Ça va le faire, j' suis pas inquiet », puis disparaît. Il est bien sympathique, mais... je n'en suis pas si convaincu. Arrive le moment de l'annonce des résultats. Je me surprends à prier, moi qui ne suis pas croyant. Le suspens est grand. Nikos insiste encore : « Les votes, ce soir, ont été particulièrement serrés. » Puis les chiffres tombent : 40 % pour moi. C'est gagné. Je suis devant Sandy et Harlem. Je n'en crois pas mes oreilles, l'émotion m'envahit et je ne me souviens pas de grand-chose. Je repense à la chanson avec Nicolas. Elle m'a sûrement crédibilisé. Peut-être que les parents, qui d'habitude votent moins que les enfants, se sont sentis concernés et ont pris le relais. Merci Nicolas. Je me tourne pour cacher mon émotion vers l'orchestre philharmonique. Au fil des semaines, sans trop savoir pourquoi, j'avais cultivé le sentiment d'être impopulaire auprès du public. Et je pense aussi que si le public ne m'avait pas rattrapé, à part Lucie et Hoda, mes camarades ne m'auraient pas sauvé. Sandy a eu 39 % des voix, ça s'est fait à peu de chose. C'est donc Harlem qui quitte l'aventure. Il me glisse à l'oreille que tout va bien et que la situation est parfaite. C'est vrai que je ne m'inquiète pas pour ce nouveau pote. Il a du talent et de l'esprit, il sait où il va et ce qui est mieux pour lui. Je sais aussi qu'il fait partie des gens que je vais revoir à ma sortie. « Je serai là », m'a-t-il promis. On verra bien... Donc je reste, mais je perds un allié dans l'aventure. Harlem, Fabien de son vrai prénom, se sent très proche de ce que je suis. Et réciproquement. Lui qui a grandi à Châtelet-Les Halles, traînant ses galères d'enfant en chansons dans les stations de métro et de RER, sent que je ne triche pas et que la compétition n'est pas pour moi. Respect, *man* !

Je rentre donc à la fois soulagé et heureux, et un peu tristounet. Un candidat dans le bus nous fait remarquer qu'on est moins nombreux... Harlem et sa forte personnalité vont nous manquer. C'est un petit peu de l'âme de la Star Ac 4 qui est partie.

Pour moi, il s'agit de continuer. Ne pas relâcher la pression. Je fume de plus en plus et au téléphone ma mère m'engueule comme quand j'avais sept ans :

— Dès que je te vois à la télé, c'est avec une cigarette à la main. C'est n'importe quoi !

Elle a raison. En plus je mange assez mal, j'ai la santé plutôt fragile depuis mes deux crises de spasmophilie, et je me suis attrapé une petite conjonctivite qui m'empêche d'y voir clair pendant quarante-huit heures. L'œil rouge cramoisi, je suis privé de séance photo, et c'est mieux ainsi. J'ai parfois envie de me plaindre, mais l'exemple de Grégory me fait relativiser toutes ces petites choses du quotidien. Se plaindre parce que, pendant trois jours, j'aurai quatre médicaments à avaler et quelques petites douleurs, c'est vraiment ridicule. Lui, la maladie, les soins, c'est son lot quotidien. Et il ne se plaint jamais. Ceux d'entre nous qui ne savaient pas ce qu'est la mucoviscidose avant d'entrer au château ont maintenant compris. En tout cas, ceux qui s'intéressent aux autres. Je trouve magnifique la relation fraternelle qui unit Greg et Sofiane. Tous les soirs, ce dernier va dans la petite chambre de Grégory, juste à côté de l'entrée du théâtre. Tous les deux parlent filles, football, Star Ac, se souviennent de ce duo sublime sur *Mon frère*. Une vraie aventure humaine qui durera plus longtemps qu'une saison de télé-réalité. Heureusement qu'il y a cela d'ailleurs : les autres. Des épaules sur lesquelles se reposer, un peu d'humanité et de vrai au milieu des décors.

Mon épaule à moi, c'est celle de Hoda. J'ai plus que jamais besoin d'elle pour me soutenir pour le onzième prime. Car, à l'issue des évaluations, je suis à nouveau nominé. Convoqué par Gérard Louvin, comme c'est le cas chaque fois pour les « mauvais » élèves, je me retrouve dans son bureau tout en bois. Tout en télés aussi. Le discours de mon directeur est génial :

— Tu n'as rien à changer, reste comme tu es, tu as ta personnalité, ton esprit. Tu es différent des autres, avance ! De toute façon, l'étau se resserre et, à mon avis, maintenant tu seras nominé toutes les semaines.

J'en profite pour lui expliquer que je ne me sens pas toujours en phase avec ce qu'on me demande de faire, non pas sur le prime, mais pendant les évaluations : me transformer en gonzesse, me travestir et chanter *Je t'aime* de Lara Fabian. Je ne me sens pas très à mon aise, et ce n'est pas ce que j'ai envie de faire. Il comprend, trouve les mots, et me rassure. Je repars du bureau le sourire aux lèvres : les gens ont compris que j'ai mon univers et l'acceptent. Même si je ne suis pas vraiment dans le « format » de l'émission, j'ai mon utilité. Je sers de catalyseur au sein du groupe. Je resterai donc tel que je suis. « Trace ta route ! » Message reçu ! Cela ne m'empêche quand même pas de craquer en coulisses, et de pleurer un bon coup dans les bras de Hoda. On ne se refait pas.

Mon sauvetage par le public la semaine précédente, avec un score inattendu, a un effet immédiat sur la presse nationale. Jusque-là, elle ne s'intéressait pas à moi et je n'avais fait presque aucune interview. Les demandes maintenant s'enchaînent. J'ai d'ailleurs de la chance car on n'écrit pas trop de bêtises, et la presse m'épargne de ces sales rumeurs dont d'autres ont été victimes. Il y aura bien sûr un ou deux torchons pour écrire par exemple que je dors avec une capote sous mon oreiller. C'est très fin !

Sur toute la durée de l'aventure, un seul magazine me consacre une couverture : *Télé Loisirs*. Quel honneur ! Grégory, qui, lui, ne les compte plus, est sincèrement heureux pour moi et me le dit. Les autres camarades aussi. Il me faudra quand même attendre ma sortie pour voir tout ça, et apprendre que chez moi, dans la Manche, il y a eu rupture de stock. Merci *Télé Loisirs* !

C'est aussi à l'occasion de ce sauvetage que je m'offre ma première « prise de bec » avec un journaliste ! Il travaille dans un grand quotidien et m'appelle au château *via* le service de presse. Et il m'allume gentiment : « Vous aviez un parcours honorable jusqu'ici. Que faites-vous dans la télé-réalité ? Pourquoi vendez-vous votre âme au diable ? » Ou alors : « Dehors on dit de vous que vous êtes le nouveau Bénabar. On vous compare à Delerm... » Ce journaliste m'agace. Je n'ai ni l'envie ni le besoin d'être le nouveau quelqu'un, même si les exemples qu'il me cite sont des plus respectables. Et je n'ai pas l'impression de trahir qui que ce soit, et surtout pas moi-même, en étant ici. Sinon, je ne l'aurais pas fait. Le journaliste insiste :

— C'est quand même la première fois qu'un candidat de Star Academy a pour chanson préférée un titre de Marie-Paule Belle !

C'est vrai que j'aime infiniment *Quand nous serons amis*. Je l'ai écoutée des milliers de fois. C'est ma chanson fétiche. Est-ce qu'on ne peut pas à la fois aimer la chanson de qualité et participer à ce genre de programme ? Il poursuit :

— Franchement, vous vous y retrouvez là-dedans ?

Ça m'agace un peu. Bien sûr que je m'y retrouve. J'ai pu chanter avec Maurane, Véronique Sanson. L'autre jour, avec Maxime Nucci, j'ai chanté du Sheller et, la semaine précédente, j'ai pu partager le micro avec Nicolas Peyrac. La discussion tourne mal.

— Et pour faire parler de vous, vous n'avez rien trouvé de mieux que de devenir le « serial kisseur », d'embrasser tous les profs sur la bouche. C'est quand même un sacré coup de pub, non ?

Je reste comme un con sur mon tabouret haut devant le téléphone du château. Le type est en train de me dire que je calcule et que j'embrasse les profs pour faire parler de moi. Que je monte un « coup médiatique » ! En même temps, il me donne une information capitale, car je ne sais pas ce qui est diffusé pendant les quotidiennes, et je n'ai pas encore entendu parler de ma légende de « serial kisseur » ! Agacé, je lui réponds :

— Vous nous prêtez à tous ici de mauvaises intentions, comme si tout était calculé. Vous faites comme si vous ignoriez que nous sommes coupés du monde et que nous ne voyons aucune image. Ces histoires de bisous, c'est un jeu. On s'en est amusés. Mais, si c'est perçu comme ça, vous pourrez regarder dès demain les quotidiennes, je vous promets que je vais jeter mon costume médiatique de « serial kisseur » à la poubelle.

Le journaliste sent que je m'énerve et il a l'air gêné. Pourtant, je poursuis :

— Je trouve lamentable que, dès qu'il se passe un truc ici, il y ait toujours quelqu'un qui s'en serve pour le détourner, comme si vous n'aviez que ça à écrire. Au revoir, monsieur.

Je regrette un peu de raccrocher précipitamment, mais c'est vraiment trop lourd de devoir justifier sans arrêt ses moindres faits et gestes, même les plus anodins. Ici, tout ce que nous faisons est analysé, prend de l'importance. Je me rends compte qu'à l'extérieur le moindre de nos gestes peut être interprété à l'inverse de ce qu'il signifie. Que la compétition est bien plus dans l'esprit de ceux qui nous regardent que dans le nôtre. À ma sortie, je redoute de lire cet article paru dans un grand quotidien. En fait, il est somptueux. L'un des plus beaux de mon époque Star Ac. Comme quoi, pas besoin d'être complaisant avec la presse. On apprend ici, on apprend !

Anne-Lise

Et c'est sur moi que ça tombe, de voir la plus belle fille du monde...

Hugo Renard

Nous avons beaucoup redouté la presse avec Anne-Lise. Nous avons eu peur que notre histoire ne soit exposée, salie.

Mais, au-delà de ce qu'on peut dire ou écrire, c'est la séparation surtout qui nous fait peur. Et Anne-Lise me manque terriblement. Je sais qu'elle vit des moments difficiles, que certaines images, habilement montées, vont lui faire mal. Et je ne veux pas que cette expérience très particulière que nous vivons remette en cause notre amour.

Ah, le grand amour ! J'ai toujours pensé au grand amour... Celui dont on nous parle dans les romans et qu'on idéalise un peu plus en regardant à la maison un bon film, que tous vos amis trouvent niais mais voient quand même avec plaisir. Moi aussi, j'ai longtemps envié Vincent Lindon, dans *L'Étudiante*, et je me suis imaginé, à sa place, séduisant Sophie Marceau et vivant une grande et belle histoire d'amour. Puis, en grandissant, je me suis un peu désintéressé des belles actrices et de leurs histoires incroyables. Adolescent, je rêve juste d'aimer et d'être aimé.

Premier bisou échangé en classe de CM2 ! Elle est bien sûr plus petite que moi, un peu frisée, châtain ou peut-être brune, je ne sais plus exactement. J'ai la haine envers mes camarades de classe quand je découvre tous ces « Amandine + Mathieu = Amour » écrits à la craie sur le bitume de la cour de récré. Le scandale rompt le charme : Amandine me quitte après ce seul baiser échangé... D'accord, j'ai neuf ou dix ans, mais déjà sacrément mal au cœur. Il faut dire que ce n'est pas tous les jours que je peux approcher une belle. L'appareil posé par l'orthodontiste ne me rend pas très attirant. J'ai des boutons bien rouges sur le visage, les cheveux beaucoup trop longs... Pas simple de séduire les demoiselles avec un physique aussi ingrat !

Le temps passe, et je désespère de trouver l'âme sœur. À quinze ans, sans aucune expérience ou presque, je crève déjà d'envie de fonder une famille, d'avoir des enfants. Et comme beaucoup d'ados, je me demande qui saura me faire vibrer, me brûler le ventre, me comprendre, accepter aussi la vie de batteur de planches à laquelle j'aspire si fort. Il m'arrive même de douter que celle qui réunit toutes ces qualités existe quelque part sur terre.

Les années s'écoulent. Chaque semaine, ou presque, on sort avec Élise et Thierry, deux amis. Tous les trois partons à la recherche du grand amour, sans trop d'espoir, non loin de Granville, dans un petit village très fréquenté les soirs de week-end. Le Bar des Artistes à Bouillon devient un peu mon Q.G. de campagne, c'est le cas de le dire. Le lieu n'est pas grand, très enfumé, très fréquenté et très gay aussi. J'ai bien compris que bon nombre de filles viennent ici pour faire la fête en espérant ne pas trop se faire draguer. C'est sans compter sur les petits malins hétéros comme moi, de plus en plus nombreux chaque semaine... Ça flirte beaucoup, là-bas !

Mes après-midi, je les passe sur la côte, à Coutainville, avec quelques amis garçons. On se promène en front de mer, en espérant voir débarquer Marie Gillain ou Brooke Shields... Que d'espoirs déçus ! La digue, de long en large, le bar des Paillotes avec vue sur la plage... ou plutôt vue sur les filles en bikini... Ah, que de fantasmes nous auront traversés en regardant la mer !

C'est un samedi soir que je me jette à l'eau. Nous avons une fois de plus passé la soirée au Bar des Artistes. Et j'en suis sorti plutôt déprimé. Les gens m'ont paru superficiels, les filles plutôt vulgaires. Moi qui rêve de rencontrer la femme de ma vie, je sais que ce n'est pas comme ça que je vais trouver le grand amour. Alors je me retourne vers mon amie Élise, pour lui confier cette mission. Elle est encore au lycée et connaît beaucoup de monde. Elle me connaît bien aussi. Qui serait mieux placée qu'elle pour découvrir celle qu'il me faut ! Elle essaie de se défiler :

— C'est tout à fait toi, ça. Tu me confies des missions impossibles ! Si ça se trouvait comme ça !

Mais j'insiste :

— Il n'y a que toi qui puisses m'aider.

Et je lui fais un grand sourire. On se souhaite bonne nuit.

Incroyable Élise ! Le lendemain matin, c'est dimanche, elle fait sonner mon téléphone. Elle a « pensé à quelqu'un », me dit-elle ! Je n'en reviens pas. Je la questionne, et les détails qu'elle me donne sont tout un programme. Si celle dont elle me parle existe vraiment, il faut absolument que je la rencontre : esprit et physique idéals. Rendez-vous est pris pour le mercredi suivant à la bibliothèque. C'est là que, chaque semaine, Élise et ses amies se retrouvent, pour travailler. Je compte les jours. Le mercredi arrive et, à seize heures trente, elles sont au rendez-vous. Moi, je suis en retard comme d'habitude. De loin, je les devine sur les marches du centre culturel. Élise m'accueille avec son sourire habituel, tout aussi impatiente que moi de faire les présentations. *Elle* est là. De dos. Sa silhouette se brouille à cause de son long manteau noir. Une énorme décharge électrique me secoue. Les poils se dressent, j'ai chaud. Elle se retourne. Elle est sublime. Un pull rouge un peu abîmé, le cheveu ondulé et brun.

— Anne-Lise.

Elle ne prononce que son prénom, m'offre deux bises. Je reste comme un con, sans doute la bouche ouverte, trois ou quatre secondes. Premier gros choc intérieur, premier séisme, premier et dernier coup de foudre.

Nous devons nous rendre au Toucan, ce pub irlandais que j'aime tant. Le style n'a rien à envier aux vrais bars irlandais. La déco y est soignée et l'endroit m'est familier. Je viens depuis que je suis tout petit manger des galettes ici, car c'est aussi une crêperie. On s'installe au fond du bar. L'endroit est un peu sombre, le ciel est très gris, la nuit approche. On est en octobre 1998, et je sens que ma vie bascule. Face à moi, la plus belle fille du monde. Elle devine que je la regarde. Elle me connaît déjà un peu, enfin « de réputation », c'est ce qu'elle m'annonce. Ma réputation ? Elle doit parler de ma petite carrière de chanteur, et de ma récente apparition dans la sitcom. Mon visage se ferme, je suis un peu vexé ! L'autre amie d'Élise assise à ma droite, je la connais déjà, c'est Julie... Elle et moi étions à l'école, tout petits. On prend des nouvelles, on se dit qu'on vieillit, que ce serait sympa de se revoir et de se faire une soirée. Des banalités, le temps passe vite. J'aimerais tellement être seul, en tête à tête, avec celle dont je ne peux détacher mon regard. C'est le bus qui nous sépare. Il y en a un ou deux par heure, mieux vaut donc éviter de le louper, surtout quand les parents se mêlent encore des heures de retour obligatoires à la maison.

Élise, qui me connaît bien, a senti qu'il s'est passé quelque chose. Je ne suis déjà plus le même. Comme chaque soir ou presque, on s'appelle. Nous restons au moins deux bonnes heures au téléphone. Cent fois, je la remercie de m'avoir fait connaître cette ravissante jeune fille. Et je la supplie de m'aider à la revoir. Il faut qu'elle trouve un prétexte, qu'elle organise un truc... J'ai des tonnes de questions à lui poser sur son amie. Je voudrais tout savoir d'elle, être sûr qu'elle est bien telle que je l'ai ressentie. Être certain de ne pas m'être trompé. Mais je n'ai déjà plus de doute.

À partir de ce soir-là, les images d'Anne-Lise peuplent mes rêves. J'aimerais tant peupler les siens... Mais m'a-t-elle seulement remarqué, pense-t-elle encore à moi... Ça, Élise ne parvient pas à le savoir, pourtant elle ne ménage pas ses efforts. Anne-Lise ne dit rien, n'aime pas trop qu'on s'attarde sur sa vie privée. Et elles ne sont pas assez proches pour être confidentes, ce qui n'arrange pas vraiment mes affaires. Le temps passe, je ne pense qu'à elle, mais je ne la revois pas. Près d'un mois après notre première rencontre, je prends mon courage à deux mains et me décide à l'appeler. Je ne me sens pas très à mon aise dans les techniques de drague et dans le jeu de la séduction. Je serais plutôt du style à lui faire envoyer un énorme bouquet de roses rouges. Mais l'idée a tellement fait rire Élise quand je lui en ai parlé que je l'ai abandonnée. Ce sera donc le téléphone. Vaincre ma timidité, résister aux battements intempestifs de mon muscle cardiaque, ne pas me faire jeter...

Elle décroche. Elle est surprise que je l'appelle. Je ne sais trop quoi lui dire, je suis gêné. Elle le remarque et ça n'arrange rien. On parle un peu de moi, de qui je suis, d'elle, de ses études... J'arrive à la convaincre de boire un verre avec moi. Je suis fou de joie, j'ai envie de crier mon bonheur. Je brûle d'impatience de croiser à nouveau ses yeux dans lesquels je plongerais volontiers.

Elle vient. Elle porte toujours son même pull rouge, discrète et jolie comme le premier jour. Je lui raconte mes histoires. Je me sens bien et je lui confie ce que je n'ai jamais confié à personne. Mes calvaires et mes mauvais souvenirs à moi. Elle m'écoute attentivement. Elle rebondit sur tout ce que je dis. Elle me parle aussi un peu de sa vie. Alors je lui annonce que j'ai un peu craqué pour elle. Je n'ai pas pu résister, je suis allé trop vite, et je vois bien que ça la bloque. Je la sens très mal à l'aise, pas du tout sur la même longueur d'onde que moi. Le drame ! Elle s'excuse et me dit qu'un bus va arriver (décidément...). En deux mots, je ne sais plus bien lesquels, elle me fait comprendre qu'il n'y a rien à attendre. Elle enfile son manteau noir. Je lui dis que je l'invite, on a bu deux chocolats. Elle prend son sac de cours comme on porte un sac à main, ne me regarde pas dans les yeux. Je la serre fort contre moi... Un regard et hop, un baiser. Paradoxe !

La porte du bar s'ouvre et claque. Elle est partie, m'a laissé un goût d'amour sur le bout des lèvres. Je n'en reviens pas... Je m'effondre en pleurs, seul à ma table. C'est le début d'une grande histoire d'amour qui, quoi qu'il arrive, ne se terminera jamais. C'est la femme idéale, l'amour rêvé. Depuis 1998, je l'aime à en crever. Claude Nougaro disait d'Hélène qu'elle serait la femme de sa mort. Eh bien, Anne-Lise, c'est mon Hélène. Une île, un refuge, une raison de vivre, un toit, un cœur... Ensemble, on a connu des appartements à Caen, à Alençon, à Lorient, de fac en fac, d'études de droit en études de politiques sociales. Anne-Lise se cherche encore et se trouve... Avec le grand espoir, c'est moi qui pense cela, d'ouvrir un jour un magasin entièrement consacré à la bande dessinée, avec des décors un peu magiques. C'est une dévoreuse de livres, discrète, timide, tellement douce... Elle est un peu maladroite et bien des fois nous avons ri de situations incroyables ! Je l'appelle Bridget de temps en temps, comme Bridget Jones parce que, même si côté physique elle n'a rien à voir avec elle, il peut lui arriver de ressembler au personnage.

Dans nos moments inoubliables, je retiens une Saint-Valentin. La première. Cette fête des amoureux que je trouve si commerciale, et qu'elle trouve très romantique. Ce jour-là, un 14 février donc, c'est autour d'un couscous géant que nous fêtons notre amour. J'ai réservé une table dans ce grand restaurant à Saint-Lô, et j'ai demandé au patron d'y déposer une rose... Je sors le grand jeu, le gros cadeau et tout... Elle, d'emblée, me dit : « Je ne peux rien t'offrir d'autre que cela. » Cela, c'est ce paquet rouge qu'elle me tend. À l'intérieur, un livre intitulé *À fleur de peau*, comme le titre de mon premier single. Dans ce bouquin quelques lignes, accompagnées d'une photo d'elle, bébé. Il y a aussi deux tickets à gratter. « Si tu grattes et que tu gagnes, je t'offrirai autre chose », me dit-elle. Je me mets à pleurer, et me trouve ridicule et décalé avec mes petites boucles d'oreilles ornées de diamants, qu'elle porte pourtant encore si bien aujourd'hui. On dîne. Je plonge dans ses yeux, elle dans les miens, et puis on rentre, chacun chez soi, elle dans sa maison, moi dans mon appartement. Bref, chez les parents !

Ça n'a pas toujours été facile. Comme beaucoup de gens à l'époque, elle a pas mal d'a priori sur le « chanteur de Saint-Lô », comme on me surnomme. Elle découvre quelqu'un qui n'a rien à voir avec le mec dont elle entend parler dans la cour du lycée. Anne-Lise a dix-sept ans. Le milieu dans lequel elle évolue est à l'opposé du mien. Convaincre ses camarades de classe, ses amis, ses potes de la JEC, que je ne suis pas totalement abruti n'est pas une mince affaire. Mais le plus dur à vivre, c'est la relation tendue pendant les quatre premières années entre ses parents et moi. Difficile peut-être de savoir que leur fille s'amourache d'un saltimbanque. Ça a pris du temps, mais aujourd'hui ça va mieux. Ils sont, je crois, rassurés et m'ont soutenu, eux et leur famille nombreuse, pendant l'aventure Star Academy qu'ils pensaient ne jamais regarder de leur vie.

Quand j'y songe, Anne-Lise et moi sommes très différents. C'est peut-être pour cela que notre histoire fonctionne. Je ne me verrais pas partager la vie de quelqu'un faisant le même métier. Elle est très discrète, j'aime bien la lumière. J'apprécie de boire des verres, elle pas trop. Elle adore sortir, moi rester chez moi. Elle aime l'idée de partir au bout du monde ; mon bout du monde, c'est Saint-Lô. Elle prend son petit déjeuner tous les matins devant des dessins animés, moi j'évite et suis plutôt d'humeur bougonne. Je me relaxe devant les émissions de télé idiotes, elle les déteste. Quand il m'arrive d'avoir l'œil sur des émissions de télé-réalité, ça l'effraie.

Avec cet amour-là, je découvre la jalousie. La jalousie excessive. D'ailleurs, peut-elle ne pas être excessive ?... Anne-Lise ne le supporte plus et, au bout de deux ans, elle décide de tout arrêter. Je me retrouve seul, perdu, désemparé. Quatre mois au bord du gouffre, avec des envies de quitter le navire pour toujours. Quand je repense à cette période, c'est toujours la même scène que je revois. Nous avions prévu un jour de l'an chez elle, avec des amis. Une semaine avant, elle m'a quitté. Ce soir-là, tous nos potes sont réunis chez elle. Sans moi. Je passe la soirée à errer, à tourner en ville, seul. À les imaginer, à me dire que je lui manque sans doute un peu. Qu'elle me manque énormément. Alors je n'y tiens plus et décide d'aller là où est ma place, chez elle, avec elle, avec nos amis. Je sonne. À l'intérieur, il y a de la musique, on s'amuse. Trop de bruit pour m'entendre. Je reste à la porte. Il est une heure et demie du matin, il a neigé, il fait très froid. Je suis seul dans le noir, je les vois par la fenêtre s'amuser. Où est-elle ? S'amuse-t-elle aussi ? Avec qui ?

J'aperçois Maria, une amie. Je l'appelle. Elle vient me réconforter, me serrer dans ses bras.

— Tu te rends compte, Maria, tous ces gens, je les ai aussi invités. Pas un seul ne m'appelle, il n'y a plus que toi...

C'est assez terrible de se rendre compte que personne ne pense à vous dans ces moments-là. Que votre téléphone ne sonne pas à minuit. Qu'on se régale de petits fours et de champagne, et que c'est bien plus important. L'impression de vivre un cauchemar, un mauvais scénario. Cela ressemble bel et bien à la fin de notre idylle.

Les semaines et les mois passent. À Paris, où je suis presque toujours maintenant, je squatte d'appartement en appartement, jusqu'à trouver le mien. Chaque jour je pense à elle, chaque jour elle me manque un peu plus, et la vie perd un peu de sa saveur. Heureusement, je me réfugie dans la musique, mais ma passion elle-même me semble moins intense car il manque à ma vie l'essentiel. Un jour, rentré en Normandie, j'ose composer son numéro. Elle décroche. Je tremble comme au premier jour. Elle me manque, j'ai envie de la voir, je voudrais venir, là, maintenant... Elle accepte ! On a besoin de se parler, tous les deux. Ni chez elle ni chez moi. En tête à tête. On se rejoint sur une plage perdue. Tellement perdue que l'on n'a jamais réussi à la retrouver depuis, d'ailleurs. On se regarde, on s'écoute. Je lui dis tout ce que j'ai sur le cœur. On parle d'elle, beaucoup. De sa famille, de sa jolie petite sœur... Et c'est reparti. Le bonheur incroyable, la bouffée d'air à laquelle je n'osais plus croire.

Depuis, nous ne nous sommes plus jamais lâché la main.

À ma sortie du château, on m'a souvent demandé si j'allais me marier avec elle. Bien sûr qu'un jour, peut-être, certainement... Je ne suis pas baptisé, elle oui. Ça suffira ! Je fantasme nos noces : grand orchestre, grand château, tous les amis pour compenser le côté « peu de famille ». Une robe blanche, ou pas ! Celle de ses rêves en tout cas. Anne-Lise, comme toutes les jeunes femmes sans doute, aime les robes de princesse. Je vois une nuit ou plusieurs, avec mes amis déjantés, une fiesta bien classe placée sous le signe de la bonne humeur. Sans jeux débiles et musique à deux balles. Du rock, quelques grandes valses (il faudra que j'apprenne...), et un bel orchestre. La messe sera célébrée par un ami prêtre, Jean-Luc. C'est un ancien DJ, et il n'a rien à voir avec l'image traditionnelle du curé ! Un sacré bonhomme.

Voilà. Voilà ce dont « on » rêve. Même si parfois ce dont on rêve est fragile.

Je suis un « sauvage ». J'aime être seul, bosser, travailler, écrire tranquillement mes chansons. L'appartement que j'occupe en ce moment ne me permet pas de m'enfermer dans une pièce, de m'évader sans entendre des pages se tourner ou en fond sonore la télévision. Alors, la vie à deux, j'hésite. J'en meurs d'envie, et, au bout de presque sept ans d'amour, ce ne serait pas du luxe. Je sais qu'Anne-Lise n'attend que ça, et que pour elle c'est la prochaine étape. Moi, je freine, j'ai peur. Pour mon indépendance, ma solitude, mon inspiration. Ma liberté. C'est sûrement idiot de ma part. Ce n'est pas une question d'être sûr ou pas de l'autre. Juste une question d'angoisse. J'aime être seul. Anne-Lise ne le comprend pas. Moi, je comprends qu'elle ne me comprenne pas. Vous suivez ?

Star Academy est une épreuve pour nous. On nous dit qu'aucun couple n'y survit. Nous nous sommes promis de prouver le contraire.

Quoi qu'il arrive, quoi qu'il advienne, je t'aime.

Il y a des moments dans la vie où l'on se sent plus fragile. Ce sont souvent ces moments-là que le destin choisit pour frapper de grands coups. Enfin, c'est ce que je me dis quand je pense à ce jour de février où je prends un verre avec Lucile, une amie, qui me raconte son parcours scolaire, plutôt brillant, et ses derniers déboires amoureux. C'est à l'époque où Anne-Lise a déserté ma vie. Je cherche un peu de réconfort auprès de mes proches.

Nous sommes au pub Le Toucan, l'un de mes Q.G. saint-lois. J'ai remarqué, trois tables plus loin, une jeune femme plutôt jolie, qui me regarde avec insistance. Elle est brune, la peau mate, et accompagnée d'un grand gaillard un peu barbu ainsi que d'un petit garçon tout mignon, qui ne quitte pas ses genoux. Son fils et son ami sans doute. Son regard maintenant me pèse et je me demande ce qu'elle me veut. Si je lui plais, ça tombe vraiment mal. En ce moment, je n'ai pas la tête à ça.

Lucile me rappelle à l'ordre avec des « tu m'écoutes ». Je réponds « oui » machinalement. L'inconnue se lève, toujours en me fixant, avec le petit et l'homme qui lui enfile son blouson. Je n'ose plus la regarder. Si c'est son ami qui l'accompagne, il risque de très mal le prendre. Il n'a pas pu ne pas remarquer qu'elle me regardait. Ils quittent le bar... Je les suis des yeux. La porte claque d'un coup sec et je la vois disparaître... L'histoire aurait pu s'arrêter là.

Quelques jours plus tard, retour au Q.G. Le patron du lieu m'est d'un soutien précieux dans cette période difficile. Il m'écoute, prend le temps, me propose même parfois de rester après la fermeture pour discuter encore un peu. Ce jour-là, il a des choses à me dire. Il hésite, sait que ce n'est peut-être pas trop le moment... Il me dit même qu'il serait préférable que je revienne le voir un autre jour, ou à une autre heure. Quand mes yeux arrêteront un peu d'être humides. J'insiste, je veux savoir. J'imagine tout, même le pire. Je suis certain que ça concerne Anne-Lise, qu'il connaît très bien.

Je me trompe. Pascal me demande si je me souviens de la brune de l'autre jour, avec son ami et son petit garçon. Bien sûr que je m'en souviens.

— Eh bien, c'est ta sœur! me lance-t-il. Enfin, ta

demi-sœur, une fille de ton père. Elle s'appelle Nadège, elle aimerait bien que tu la contactes.

Je fonds en larmes. Beaucoup d'émotions pour le garçon si sensible que je suis ! Je n'ai plus de fiancée et j'ai une demi-sœur qui apparaît. Je paye mon chocolat chaud à Pascal, lui dis merci, et me réfugie dans ma voiture. En larmes, j'appelle maman et lui demande si elle connaît l'existence d'une Nadège. Elle me dit oui tout de suite, et pense d'ailleurs m'avoir déjà parlé d'elle. Ce qui est possible, car dès qu'elle tente d'évoquer ce que je considère comme « mon passé », je décroche et me ferme.

Cette fois, c'est moi qui lui demande de me raconter. Nadège est donc ma demi-sœur.

— C'est comme toi, Mathieu, me dit ma mère.

Mon père aurait donc eu cet enfant avec une autre femme. Elle, ma mère et lui travaillaient au même endroit, près de Saint-Lô.

Désireux d'en savoir plus, sachant qu'elle a certainement connu la même douleur que moi, je prends donc contact avec Nadège. On se rencontre et on se raconte nos histoires. Elle me dit l'absence. Une fille a besoin de son père. Contrairement à ma mère, « Yo », la sienne, a refait sa vie. Mais ma grande demi-sœur, de cinq ans mon aînée, en veut à ce père qu'elle ne connaît pas beaucoup plus que moi. Il y a quelques années, elle a eu envie de savoir qui il était, de le voir, de lui présenter Morgan, son premier fils, puis Akyo, le deuxième. Il a souri, a fait semblant d'être touché. Depuis, Tim est né, mais ça n'a rien changé. Elle aurait aimé renouer un contact avec lui, créer des liens. Sans reproche malgré la souffrance de l'absence. Il l'a appelée deux fois. Depuis, plus de nouvelles.

J'aime Nadège très fort. Une de ses phrases m'a fait mal quand je suis sorti du château : « Ce qui est terrible, c'est que je te connaisse mieux grâce à la télévision. » C'est vrai. Nos quelques dîners ou discussions à la terrasse des cafés ne remplacent pas trois mois de « live » sur le câble. Elle a ce besoin de savoir qui je suis vraiment, et se fiche pas mal que je sois chanteur ou plombier. L'important, c'est de sentir qu'elle a une famille. J'ai été très touché de la voir débouler un vendredi soir, sur le plateau d'un prime. Elle est venue, enceinte jusqu'au cou, avec mon petit neveu Morgan. En pleurs tous les deux.

J'espère que l'avenir nous rapprochera et que nous arrêterons un jour de revenir sur ce manque, cette blessure si profonde, qu'a été l'absence d'un même type. Elle m'a écrit qu'elle regrettait de ne pas avoir de moments complices avec moi, qu'on ne se confie pas nos petits secrets. J'aimerais avoir le courage de me dévoiler devant elle, de tout lui raconter. Avec le temps peut-être...

Vers la sortie

Pendant trois mois, au quotidien, Nadège m'a découvert à travers le petit écran. Et celui qu'elle a vu me ressemble beaucoup. Mon obsession au château, c'est d'être moi-même. De ne pas me laisser avoir par le jeu de la télé-réalité. D'assumer mes qualités mais aussi mes défauts. Au quotidien, pour la production ou pour les profs, je ne suis pas toujours facile à vivre. Il m'arrive de ne pas me plier aux exigences artistiques de l'émission.

Jasmine Roy ce jour-là débarque avec une liste de chansons à la main. « Mathieu, je te propose de chanter *La Mer* de Charles Trenet. » C'est hors de question ! J'ai du respect pour l'artiste, mais je ne suis pas un fan de l'homme. Je ne chanterai pas cette chanson. Jasmine, pas surprise bizarrement de mon refus, me demande ce que j'ai envie de chanter. Du Gainsbourg. C'est ce que j'aime, ce qui me fait le plus vibrer. Et la voilà de retour une heure plus tard avec *Elisa*. À chaque changement de titre, refus d'un candidat ou d'un artiste, ce sont dix personnes qui se bougent. Pas facile de monter chaque semaine pendant trois mois et demi un prime sur TF1. Et avec des jeunes cons comme nous...

Kamel tient absolument à mettre nos prestations en scène. Et là encore, je grogne. Pas besoin de chorégraphie pour *Elisa*... Bien sûr que Kamel a raison ! Mais est-ce que Brel, Montand, Ferré ou Gainsbourg avaient besoin d'un décor et de danseurs pour faire passer l'émotion ? Non, à en croire les nombreux témoignages vidéo qu'il nous reste. Leur charisme et leur talent se suffisaient à eux-mêmes. Il n'empêche que pour la télé, et pour un grand show, je l'accorde, c'est plus qu'utile. Qui plus est pour des débutants. Toutefois, je me réfugie derrière mes arguments pour échapper aux tortures que me fait subir le chorégraphe. Tortures, j'exagère. Kamel a bien compris que je suis limité. Limité, oui. Qu'assis sur une balançoire, ça pouvait être suffisant. Et c'est donc ce qu'il me propose pour cette chanson. Ouf, parce que, ce soir-là, niveau danse, j'ai ma dose. C'est le fameux soir où nous devons présenter la chorégraphie des cerceaux : la plus redoutée de la saison ! Les plus assidus de l'émission s'en souviennent. Trois semaines d'ampoules, de prise de tête, de bosses, de bleus, pour mettre en scène les protagonistes : nous et les cerceaux ! Au final, après avoir craint le pire, je ne suis pas ridicule. D'accord, quand on regarde les images, c'est vrai, sur un plan large du plateau, le seul cerceau qui se barre un peu violemment sur la droite et qui s'envole presque, c'est le mien. Mais quel travail, ne serait-ce que pour en arriver là. Kamel pensait que nous n'allions jamais y parvenir, et moi non plus. Et Francesca était trop drôle pendant les répétitions, avec sa phobie du vide...

Elisa, Gainsbourg... Une chanson, un génie. La soirée doit très vite s'enchaîner pour moi. Juste après en avoir fini avec les cerceaux, je dois courir aux loges pour me changer. Normalement, on m'a prévu une tenue militaire, kaki, ça va de soi, en accord avec les costumes des danseuses et danseurs de Kamel. Je cours donc en coulisses rejoindre Noy, Hiron et Angy, les stylistes de l'émission. C'est la course, je dégouline de sueur, j'ai le rythme cardiaque qui bat des records. Je glisse à Manu, une des assistantes de plateau, qu'ils sont malades de me faire enchaîner cette choré avec la chanson sur laquelle je dois me défendre ce soir. Elle est désolée pour moi, ne peut rien faire, je le savais, mais ça me fait du bien de le dire ! On me change donc, quatre ou cinq personnes autour de moi, plus une coiffeuse et une maquilleuse. J'ai juste à reprendre mon souffle, à enfiler un tee-shirt. Je suis prêt en deux minutes, recoiffé et maquillé. Au moment où j'entends : « Vite, Mathieu, sur le plateau », Noy pousse un cri :

— Aaaah ! On s'est trompé de tenue... Il devait être habillé en militaire !

Dans la précipitation, personne ne s'en est rendu compte.

J'arrive derrière le décor, assez haut, un mur de lierre de quatre mètres, où se balancent, moi au milieu, quatre danseuses. Les danseurs sont au sol. Problème technique, vingt secondes avant de reprendre, rien pour accéder à ma balançoire ! Les marches installées sur les répétitions ont disparu. Un enfer ! C'est à la force des bras – si, à la force des bras –, écrasant un peu le décor, que je parviens finalement à poser mes fesses sur la balançoire, cinq secondes à peine avant le début de la chanson. Mon maquillage coule, je suis essoufflé, mais finalement assez fier de ce que j'ai fait.

À la fin de la chanson, une surprise m'attend. Maman prend le micro. Rien que de savoir qu'elle va parler, je me mets à pleurer. Maman est forte pour ça, elle s'exprime bien :

— Mathieu, je veux te dire que je suis une maman comblée... Je voulais te rappeler les promesses que tu m'avais faites à seize ans, quand je t'ai permis de quitter l'école, c'était de t'assumer complètement parce que je ne pouvais pas le faire, et c'était celle de réussir comme ce soir. Franchement, merci, parce que tu as assuré les deux.

Ce moment-là est très fort, et très dur à vivre pour moi. J'ai l'impression qu'on se retrouve, elle et moi. Je fais abstraction des caméras. Il y a juste nos deux cœurs qui souffrent un peu de l'éloignement, de l'absence. Ce que j'aurais aimé que tu me reprennes sur tes genoux, ce soir-là...

Est-ce la chorégraphie, Gainsbourg, l'émotion qui nous gagnait avec maman qui m'ont fait une fois de plus repartir au château ? 45 % des votes. 5 % de plus que la dernière fois... C'est énorme. Je quitte le plateau de La Plaine avec dans le regard d'Anne-Lise, de Serge et de ma mère beaucoup de larmes de joie mais aussi de souffrance. C'est reparti pour une semaine d'attente, et on se manque plus que jamais.

Douzième semaine. Est-ce que je me rends bien compte de tout ce qui m'arrive ? Je ne pense pas. Je suis heureux d'être ici. Francesca a quitté l'aventure, et c'est John qui est rentré. Je l'aime beaucoup, John. Il est timide, il a du succès auprès de nombreuses filles. Un tendre, un vrai... Et puis il y a ses délires à la Marilyn Manson, la face cachée du doux garçon qu'il est.

Je supporte de moins en moins l'ambiance du groupe. J'ai besoin d'un peu de sauvagerie, de liberté. Et de solitude. Je relâche la pression trop forte, bien trop forte.

Les plombs une nouvelle fois ne sont pas loin de sauter. C'est fou comme l'enfermement nous met à fleur de peau. Heureusement, je connais et maîtrise l'une des chansons qu'on nous propose de chanter pour les prochaines évaluations. Je n'en peux plus d'apprendre par cœur pour oublier aussitôt après. De remplir la disquette et de la vider chaque semaine. Cette fois, je n'ai qu'à ressortir le fichier « Bruel – *Casser la voix* » et me présenter aux évaluations. Je ne me fais plus d'illusions, Louvin a été clair en m'annonçant que chaque semaine maintenant je serais nominé. Alors j'y vais serein, mais motivé grâce au public de plus en plus nombreux à me soutenir. Je suis toujours abasourdi par les 45 % du dernier vote. Chaque fois que je le peux, je le remercie, devant les caméras du château. Ça fait tellement de bien de se sentir épaulé.

Les évaluations se passent bien, malgré une voix fragile à cause de la tonalité un peu haute de la chanson. Le jury se dit charmé. C'est bien gentil, mais je ne m'attends pas à un miracle.

Mardi midi, on nous annonce les noms des prochains invités du prime : Fugain, Calogero et Bruel. Rien que ça ! C'est énorme, et j'ai un peu les boules à l'idée de devoir les regarder chanter depuis ma chaise d'accusé. Les nominés ne chantent jamais avec les invités, ou rarement. L'après-midi passe et nous nous retrouvons entre survivants de l'aventure, dans la soirée, face à Gérard Louvin. Surprise : mon nom ne figure pas dans la liste des trois qui partiront peut-être. Je suis soulagé. Je vais pouvoir réaliser un de mes rêves de petit garçon. Je vais chanter avec Patrick Bruel, ainsi qu'avec Michel Fugain. Avec Calogero, j'aurais bien aimé, mais il faut aussi en laisser un peu aux autres...

C'est vraiment incroyable ce qui se passe pour moi. Où donc s'arrêtera l'aventure ? Je suis heureux de ne pas avoir à refaire mes valises cette semaine. Cette petite pause va me faire du bien. C'est la « semaine-bonheur » qui s'annonce : Michel Fugain se joint à nous pendant quarante-huit heures. Pour notre plus grand plaisir, il égrène ses souvenirs du Big Bazar, partage deux petits déjeuners et un dîner avec Stéphanie, son épouse. L'occasion de revenir pudiquement sur la disparition de la jolie Laurette, leur fille, et d'évoquer l'association qui porte son nom et se bat contre la leucémie. Quelle famille formidable, quelle tribu magnifique ! La simplicité est le mot qui caractérise le mieux Michel. Tutoiement obligatoire. Avec lui, gros prime en préparation, et grand bonheur. Au programme, reprise de *Je n'aurai pas le temps*, *Un beau roman* et bien d'autres. Le tout en costumes, strass, paillettes, époque seventies. À l'image du Big Bazar, quoi. On s'amuse comme des fous à reprendre ces standards. Je suis habillé en lanceur de couteau. Ma moustache mal collée pendouille bêtement, ce qui me vaut un éclat de rire de Michel Fugain quand il se tourne vers moi pour chanter *Fais comme l'oiseau*. Petit moment de zapping pour moi !

Et puis il y a aussi cet autre grand, celui qui m'a donné envie de faire ce métier. Celui dont j'ai envié le succès, crevant de jalousie et espérant connaître un jour la même folie. Oui, la « bruelmania » a été un phénomène incroyable. J'ai l'impression qu'il y a un peu de ça dans ce qui se passe aujourd'hui autour de Grégory. J'aime la manière d'être de Patrick Bruel, ce professionnalisme, cette voix, ce timbre, cet œil qui brille. Ce respect pour le public. Quel exemple ! Sur scène, il envoûte, et cet amour qu'il transmet, les gens le lui rendent bien. Chanter avec lui, c'est une grande chance. On nous le répète d'ailleurs. Il y a d'abord *Place des grands hommes* avec les trois autres non-nominés de la semaine, Lucie, Hoda et Grégory. Puis *Marre de cette nana-là* en duo, et enfin *Alors regarde* en trio avec Grégory. C'est jouissif de chanter avec Bruel. On sait que le public va être au rendez-vous et chanter avec nous. Pour moi, c'est aussi l'heure des retrouvailles avec ceux qui l'accompagnent : Jean-Yves d'Angelo et Hervé Brault, les musiciens architalentueux que j'ai eu la chance d'avoir à mes côtés pour enregistrer mon premier album. Ils sont surpris de m'avoir découvert depuis quelques mois dans cette émission.

— Vous voulez quand même bien me parler, les mecs, hein ?

C'est une question que je leur pose parce que j'en ai besoin. J'ai tellement peur que les gens aient mal pris le fait que je me sois risqué à Star Academy... En ce qui les concerne, me voilà rassuré.

Polémique ce soir-là autour de la sortie de John ! J'ai l'impression que c'est uniquement ma faute s'il ne rentre pas au château. Que ni le vote du public ni celui des autres candidats n'ont eu d'importance. J'ai eu une phrase un peu maladroite à son encontre :

— John, tu sais, ce soir, pourquoi je vais voter Sofiane

Je ne souhaitais pas m'épancher sur mon vote et mettre dix minutes à justifier mon choix. Il était simple et je l'avais expliqué à John l'après-midi même : « Si je sauve Sofiane, ce n'est pas pour des raisons artistiques, c'est parce qu'on a eu la même vie un peu galère, que ni l'un ni l'autre n'avons connu notre père. » C'est pour ça que j'ai eu envie de le soutenir.

Après l'annonce de mon choix, les fans de John se déchaînent. On m'accuse d'avoir voté « stratégique » et d'avoir épargné le plus faible pour accéder plus facilement à la finale. En réfléchissant un peu, il était simple de se dire que le calcul le moins risqué dans ce cas aurait été de garder John, puisque je m'étais déjà mesuré à lui et que le public m'avait accordé davantage de voix. Certains y vont très fort et on m'insulte allègrement. C'est très crétin, mais en même temps c'est de bonne guerre. Et puis j'ai fait ce qui me semblait bien, et être populaire ou impopulaire n'est pas la question.

La semaine suivante, nous savons que trois d'entre nous feront d'office la tournée : Grégory, Hoda et Lucie. Et comme nous ne sommes plus que six dans l'émission, je me retrouve à nouveau, mais ce n'est pas une grande surprise, parmi les trois nominés. Avec cette semaine une nouvelle règle : un seul des trois nominés sera repêché et le public va décider. C'est une véritable campagne électorale que la production nous demande de mener. J'appelle en force la Normandie. Et la Belgique dans la foulée. J'ai tellement clamé partout que j'aimais les artistes belges, qu'on me dit souvent que j'ai une grande cote là-bas. C'est fou ! Oui, j'aime Maurane, Jacques Brel, Marka, Jeff Bodart, Benoît Poelvoorde, Julos Beaucarne et bien d'autres. Je me suis attaché aux Belges et les Belges m'ont adopté.

Cette semaine, donc, mes deux adversaires sont Sandy et Sofiane. Adversaires n'est pas le mot juste car il n'y a pas d'esprit de compétition entre nous. Ça pose d'ailleurs problème à l'équipe de production : tout cela manque de suspens et de rage. Alors on se plonge dedans, en apnée. Avec So et Sandy, nous sommes sur la même longueur d'onde. Nous jouons le jeu pour la télé. Mes deux premiers sauvetages me donnent des ailes et je lance un appel au public qui en me sauvant une nouvelle fois me donnerait d'office mon ticket pour la tournée. Au domaine de Dammarie-les-Lys, l'ambiance est bizarre, un peu tristounette. Nous ne sommes plus que six dans les couloirs du château, et nous nous trouvons un peu seuls.

Malgré cela, j'ai une pêche d'enfer pour aborder ce treizième prime. L'enjeu est double : non seulement gagner ma place en tournée, mais aussi me retrouver en finale garçons. Et enfin, avoir l'assurance de passer deux semaines encore au château, puisque la semaine prochaine sera consacrée aux repêchages des élèves pour la tournée. Ce vendredi soir encore, je suis bien servi : j'ai l'honneur de chanter en duo avec notre parrain, un peu fatigué par le voyage de nuit qui l'a ramené de Suisse pour assurer le prime. J'étais allé le voir sur scène à Bercy il y a deux ou trois ans, et j'avais adoré. Me voilà maintenant à ses côtés, trois têtes de plus que lui, à chanter *Être une femme* et *La Maladie d'amour*. J'ai beaucoup appris en observant Michel Sardou à chacun de nos rendez-vous. Toujours en place, toujours cette aisance pour répondre aux questions. On sent le métier. Offusquerai-je certains professeurs si je dis que j'ai plus appris sur le plateau chaque vendredi que pendant leurs cours ?

Ce soir s'arrêtera peut-être l'aventure. J'en suis très triste, mais je sais aussi que cela me libérerait. Je le dis souvent, d'ailleurs. Serge trouve que je le clame trop, et que ça pourrait m'être fatal. On verra bien de toute façon. Je sais, grâce à un mot que Serge a réussi à me faire passer sur le prime par un ami, que dehors tous mes proches saluent mon parcours, et que je peux déjà être fier de ne pas m'être « prostitué », comme je le répète régulièrement. Alors, je reste zen...

Pendant le prime, Nikos, pour une fois, n'annonce pas de résultats serrés. Je me dis que c'est mauvais signe. Je verrais bien trois filles et Grégory pour la grande finale. Et puis cela changerait des autres années. Mais, en dehors de la victoire finale certaine de Grégory, nous n'avons aucune certitude.

Et nous revoilà donc une nouvelle fois serrés, le cœur battant, en rang d'oignons, face à la caméra. Dans une poignée de secondes, le verdict va tomber. Qui restera quinze jours de plus au château ? Qui aura la chance de faire la tournée ?

Nikos tire de l'enveloppe le papier avec le nom de l'élu. Sandy lance un rapide coup d'œil dans sa direction et aperçoit mon nom. Elle réussit à me le faire savoir. Une seconde et demie avant l'annonce officielle, je sais que je suis sauvé !

Mais le plus incroyable, c'est le score qui s'affiche à l'écran : 50 %. La moitié des personnes ayant voté ce soir l'ont fait pour moi. La progression a été hallucinante. Petit à petit, j'ai réussi à conquérir le cœur des téléspectateurs. La presse s'enflamme. Et si Mathieu créait la surprise et gagnait l'émission ? C'est du domaine du fantasme, de l'inimaginable. C'est impossible. Mais il faut faire exister la compétition entre Greg et moi. Dès le lendemain, j'ai droit à de nombreuses interviews. « Ça vous fait quoi d'être en demi-finale ? — Franchement rien ! Enfin, deux choses me font super plaisir, ce score épatant et ma place en tournée. » Et cet hebdo télé qui me donnait sortant au bout de quinze jours. Hoda et Lucie sont folles de joie. Grégory perd son frère Sofiane. Nous repartons à quatre dans le bus. C'est énorme.

Anne-Lise sèche ses larmes : ce n'est pas encore cette fois-ci que nous nous retrouverons. Je lui crie : « Dans quinze jours, c'est fini ! » Et cette fois je sais que je ne me trompe pas.

Ma fiancée va beaucoup morfler en suivant les quotidiennes à venir et leur lot de montages. L'ensemble des élèves est revenu au château pour une journée. Puis il n'en restera que huit qui se mesureront sur le prochain prime pour accéder eux aussi à la tournée. Certains rêvent de la faire, comme Karima, qui sera bien déçue. D'autres ne se font pas d'illusions. C'est le cas de Tina, par exemple. Ah, Tina ! Je suis très proche de Hoda depuis le début de l'aventure, mais, comme elle est folle amoureuse de Christophe, on n'a pas trop essayé de nous prêter d'histoire. Par contre, c'est le come-back de Tina, et on ne va pas nous louper...

Il n'y a pas d'échange un peu tendre ou de câlin entre deux candidats qui ne soit pas interprété. Entre Tina et moi, il n'y a aucune ambiguïté. Pas d'amour, mais une vraie amitié et une complicité qui nous rapprochent, comme c'est le cas avec Hoda. Or les caméras sont sans pitié, et le montage qui est fait de nos images lors d'une quotidienne, scénarisé comme il se doit, me donne une nouvelle fois l'impression de m'être fait piéger. C'est un coup de fil à Anne-Lise qui me fait comprendre la supercherie.

— Allô, mon amour ?

— ...

— Je t'aime, tu sais.

— ...

— Oh ! ? Je t'aime !

— C'est bien que tu me le dises...

— ... (À mon tour de ne rien dire.)

Il me faut une seconde pour comprendre, caméras braquées sur moi, que cette conversation avec Anne-Lise va faire la une de la quotidienne du lendemain. Je stoppe net, j'enchaîne sur quelque chose de très banal. Du style « j'en peux plus, je suis crevé, je te rappelle demain », et pour la première fois je raccroche sans avoir même utilisé l'intégralité de ma minute de téléphone.

Je tente de garder mon calme, et me dirige vers la résidence, bien décidé à faire le siège de la salle d'interview. Je hurle après la production, et j'exige d'appeler ma copine en privé, sans caméra qui filme... J'ai compris ce qui s'est passé et ce qu'on a dû mettre en scène à l'antenne. Après trois mois passés ici, je commence à connaître les ficelles de l'émission et j'aurais dû me méfier. Il faudrait quand même être abruti pour sortir avec une fille avec tous ces objectifs fixés sur nous, et sous les yeux de ma copine ! Quand, ce soir-là, j'ai appelé Tina en lui demandant de me retrouver en salle CSA, ce n'était pas parce que c'était l'heure d'« aller au lit » ! Mais seulement pour nous rejoindre, John et moi... Et pour fumer un petit pétard...

C'est donc clair et net, je ne bougerai pas de la salle d'interview tant que je n'aurai pas Anne-Lise au téléphone. J'appelle la psychologue, Dom, que j'ai dix fois en ligne par semaine tant j'ai du mal à vivre moralement cette fin de parcours. Elle a vu l'émission et confirme : « En effet, elle a dû très mal le vivre. » J'appelle la régie, je demande des explications sur ce qui a été raconté et, bien sûr, on ne me dit rien. Je ne bouge plus de là, et j'attends qu'Angélique Sansonnetti me rappelle. Finalement, une demi-heure plus tard, dérangée en réunion, j'entends sa voix au bout du fil. Elle est bien obligée.

J'occupe la salle d'interview et empêche donc le déroulement normal de l'émission. Nous sommes à trois jours du prime « spécial tournée » et, à cette heure-ci, c'est le défilé pour les interrogatoires.

Angélique a été contactée par Anne-Lise et m'assure que tout va bien. Je lui rétorque que c'est impossible, que je viens de l'avoir au téléphone et qu'elle est en train de péter les plombs à cause des conneries diffusées. Facile, le montage des images ! Donc, je poursuis mon chantage. Je sais qu'Angélique déteste ça, mais je n'ai pas le choix. Si je ne peux pas parler à Anne-Lise, je bloque la salle d'interview. Je ne veux pas mettre ma vie de couple en péril pour un jeu télévisé.

— Pas plus de cinq minutes, alors !

— Bien sûr, Angélique !

La demi-heure passée au téléphone avec Anne-Lise, hors caméra, nous fait le plus grand bien. Trente minutes à nous dire des choses dans le creux de l'oreille. O.K., on se fait confiance. Et on s'aime. N'en déplaise aux gens qui ne trouvent certainement pas ça assez croustillant.

Surprise sur le quatorzième prime : Harlem n'est pas repêché pour la tournée. Pour nous tous, c'était pourtant une évidence. Radia, John, Sandy, Sofiane seront de l'aventure. On se serre tous dans les bras, on est très heureux. Harlem, lui, dit ne pas être trop déçu. Je n'en crois pas un mot. Mais je ne m'inquiète pas trop : des rumeurs circulent déjà. En cas de non-repêchage par le public, Harlem serait de toute façon intégré à la tournée...

Ce soir-là, j'ai le plaisir de chanter avec une autre de mes idoles : Laurent Voulzy. C'est en compagnie de Tina – tiens, tiens, les hasards de la programmation... – que je chante *Belle-Île en mer* en trio. Je rencontre un homme simple, timide, marrant... Un type normal, quoi, qui est heureux de partager une de ses chansons avec nous. Ce n'est pas toujours le cas, et ça fait tellement plaisir. Grande classe... Un regret : que son complice Souchon ne soit pas passé par là. Mais les deux d'un coup, ça aurait peut-être fait beaucoup pour mon petit cœur...

Dernière semaine. La quinzième pour moi. Je sais que c'est la fin. Cette fois, c'est évident. On ne peut pas rivaliser avec Grégory. J'aime vraiment ce garçon, avec cette petite mèche brune, ce regard malicieux, ce rire foudroyant. Et cette voix... Médiatiquement, de nous tous, c'est celui qui a fait couler – et de loin – le plus d'encre. C'est lui que le public préfère. Basta la maladie. Les gens l'ont vu, ils l'ont entendu. Il n'y a pas photo. Il n'empêche que j'aimerais quand même faire un dernier prime honorable...

Au château, cette dernière ligne droite est assez mortelle. Les fêtards sont partis. Du coup, je reste des heures en salle d'interview avec la rédaction que je ne peux pas voir, seulement entendre. On se raconte des histoires, on prend le temps de refaire les phrases, de dire n'importe quoi. C'est le moment des « derniers cours ». Comme celui d'Adèle, notre prof de fitness, déclarée « plus belle femme du château » par Harlem *himself* ! Qu'est-ce qu'elle nous aura mis la misère à tous ! On en aura fait des kilomètres, penchés sur nos vélos d'appartement, ou à travailler comme des forcenés nos abdos et nos fessiers ! Je crois bien qu'aujourd'hui j'ai tout perdu... Désolé, Adèle !

Il va falloir frapper un grand coup, marquer ce dernier prime. Je veux pouvoir être fier de moi, et que les dernières images que l'on montrera de moi soient fidèles à ce que je suis. J'ai déjà fait mon choix pour la dernière chanson. Je veux absolument chanter du Brel, pour qu'on m'entende dans un autre registre. J'ai choisi *La Valse à mille temps*. Je l'annonce donc à Matthieu Gonet. Comme moi, il pense que ce sera refusé. Eh bien, non ! La production donne son feu vert. Un vrai miracle. Matthieu est pourtant très inquiet du résultat. Il insiste en me rappelant que je m'attaque à un monument, que je prends un vrai risque... « Mais bon, si tu le sens... » On fait même venir Isabelle Charles à la rescousse pour travailler la prononciation, et la diction si rapide à la fin de la chanson. Aux répétitions, tout le monde est inquiet. Je sais qu'on ne me fait pas confiance, et ce challenge m'excite. J'ai déjà eu l'occasion d'interpréter la chanson avec mes musiciens, sur scène, alors je m'économise pendant les répétitions. Je n'ai pas envie de tout donner maintenant. J'aimerais surprendre un peu. « Bosse. » C'est par ce mot que se termine la répétition. Encourageant...

Pour cette finale garçons, j'ai le privilège de chanter avec la gagnante de la saison 2, Nolwenn Leroy. Je la trouve toute simple, toute fraîche. Elle se montre ravie et j'apprends qu'elle a voulu chanter avec moi absolument. C'est sur *Mistral gagnant* que se mêlent nos voix, et face à moi j'ai une Nolwenn tendre et émue. Moment de plaisir partagé, et admiration devant cette voix, ce lyrisme. Cette classe encore. Ce soir-là, il y a aussi une maman, tout juste remise de son accouchement, qui partage un de ses succès avec moi, me glissant pendant les répétitions que je fais partie de ses chouchous. Nous chantons *Il y a trop de gens qui t'aiment*, un titre que j'avais aimé entendre en radio. Hélène Segara sait bien qu'elle ne fait pas partie de ma discothèque personnelle, mais que j'ai malgré cela beaucoup de respect et de tendresse pour elle. Cette douceur que seules les femmes ont envers nous, les apprentis artistes, est perceptible ce soir-là. Elles nous portent tendrement. Lorsque la chanson s'achève, je suis sur un petit nuage. Son producteur, armé de son fort accent italien, vient me voir pendant la coupure pub :

— Si j'avais la possibilité, je ressortirais cette chanson avec vous.

Hélène est ravie :

— Merci.

Non, Hélène, c'est moi qui vous remercie.

C'est mon dernier prime, et c'est la toute première fois que je chante avec Grégory. On n'avait aucune pression, jusqu'au moment où le générique a retenti, et où nous avons dû attaquer l'émission avec *Je n' suis pas un héros* de Balavoine. À bout vocalement lui et moi, on a fait ce qu'on a pu. Je me demande d'où vient cette énergie de dernière minute, qui sauve toujours les meubles et nous évite de chanter trop faux. À ce niveau, on ne parle même plus de fatigue, mais seulement de miracle. Moi qui pensais que la Star Ac, c'étaient quatre heures de boulot par jour! C'est aussi la première fois depuis le début de l'émission que je chante en duel et non pas en duo. Un duel amical. Toute la semaine encore, il a fallu tenir le public en haleine. La production n'a d'ailleurs gardé au montage que les rares : « Je vais me battre », passant à la trappe les moins médiatiques : « Maintenant je peux repartir chez moi, j'ai été sauvé trois fois, je suis content de mon parcours. » Encore une fois, il a fallu alimenter la compétition. J'observe Louvin pendant la reprise de Balavoine. Je le sens assez fier de nous. Les profs sont comme un peu tristes de savoir que la fin de l'aventure est proche...

Enfin vient le moment que j'attends. Le décor est planté : un vieux théâtre et ses rideaux de velours rouge, un Charlot, une Piaf, des danseuses de french cancan... Je suis là, tout en noir, concentré comme jamais. Rassuré aussi d'avoir le texte à portée des yeux sur le prompteur. Aurais-je eu assez de force ce soir pour mémoriser parfaitement le long texte de *La valse à mille temps* ? Ce soir, je vais tout donner, convaincre les indécis, même ceux qui n'appelleront pas. Je vibre, j'ai des frissons. Il y a cette ambiance, ces lumières, tous ces gens que j'ai appris à connaître et à aimer pendant ces trois mois et une semaine... J'ai les boules. Nikos m'annonce. David Berland me donne la note. C'est parti.

« Une valse à quatre temps
C'est beaucoup moins dansant... »

Je sais parfaitement que, si je me loupe, je suis mort. La presse ne m'épargnera pas. Le public non plus. Je touche à un monstre sacré. Je me sens habité. Aujourd'hui, quand je vois ces images, je vois un autre que moi. Je sens le regard de maman, d'Anne-Lise, de Nicolas, dans le public, qui me soutiennent. J'imagine qu'en régie on retient son souffle et qu'on croise les doigts pour ne pas que je me loupe. Je crois vraiment qu'à cet instant rien ne peut m'arrêter. Je suis lancé, et cette valse-là, je la réussirai.

C'est ma dernière chanson. Et c'est ma première *standing ovation*. Il se passe un truc formidable, un moment de grâce entre le public et moi. Les danseurs m'applaudissent. J'ai l'impression d'avoir rempli ma mission. D'avoir peut-être dévoilé aussi aux plus jeunes une chanson qu'ils ne connaissaient pas. J'ai le cœur serré car je sais que c'est la fin, mais je suis heureux d'avoir partagé ça avec eux. Tout comme je suis fier d'avoir profité de Star Ac pour faire découvrir le répertoire que j'aime : *Un homme heureux, So far away, Tous les bateaux, tous les oiseaux*... L'impression d'avoir donné un peu de moi. J'attends maintenant avec une grande impatience que le manège se fige. Je sais que ça va être le moment d'en descendre.

Le temps de la seconde coupure pub, grâce à Emmanuelle et à Julie, d'Endemol, j'ai pu serrer ma famille dans mes bras. Grâce à deux types géniaux aussi, Thierry et Johnny. Je repense à Jacques également, à qui la vie n'a pas fait de cadeau quinze jours plus tôt et qui a un courage énorme. Il sait que je suis là. Tous ces gens font plus que leur travail. L'émission est terminée et le verdict tombe. J'ai passé une magnifique soirée, mais je me prends une énorme raclée face à mon pote Grégory : 74 % pour lui et le reste pour moi... J'accepte les miettes avec plaisir, et remercie tous ceux qui me les ont offertes. J'attrape le bras de Grégory et je le lève bien haut. Il l'a vraiment méritée, cette victoire, bien plus que n'importe quel autre candidat, et bien plus que moi, c'est certain. Je le félicite. Je glisse rapidement que je remercie quelques personnes sur le prime, la technique, les gens qui s'occupent si bien de nous. Je tremble encore un peu. Voilà, c'est fini... L'aventure Star Ac est terminée, Mathieu. On va me parler de retour à la réalité. Je pense ne l'avoir jamais quittée des yeux. C'est d'ailleurs vraiment une obsession, cette crainte que l'on ne prenne le melon, c'est dingue !

Le temps presse, la télé n'attend pas. Avant que le générique soit lancé, je tiens à remercier mes trois étoiles : mon papy, Julien Hopquin, l'ami de toujours trop tôt parti, et le Viking Yan-Philippe Blanc. Hoda, Lucie et Greg repartent vers Dammarie-les-Lys. Je me sens trente secondes orphelin, le temps que le générique s'achève. Je n'ai qu'une hâte, retrouver celle que j'aime, loin des caméras et des lumières. Dehors, mes amis musiciens m'attendent. Nicolas Auvray, mon complice de toujours, patiente, tandis que le public quitte le plateau, avec maman, qui semble plus triste que moi que l'aventure s'arrête aux portes de la finale. Comme toutes les mamans, elle devait être convaincue que j'allais être le gagnant. Je rêve de les serrer fort, de pleurer un peu dans leurs bras et de leur dire : « Putain, je vous aime ! »

L'après-Star Ac

Me voilà seul sur ce plateau que j'ai vu si rempli pendant plus de trois mois. On vient me féliciter, me souhaiter bonne chance. Ça pleure beaucoup. J'ai comme l'impression que les gens sont tristes que je m'en aille. Quelle histoire je viens de vivre, une vraie folie ! Jamais je ne me serais cru capable de tenir aussi bon la barre pendant ces nombreuses semaines, ni d'affronter un tel stress. La première à venir m'embrasser est Alexia Laroche-Joubert. Elle est émue aux larmes par le petit mot glissé pour Yan-Philippe. Nathalie André, l'ancienne directrice du château et programmatrice des invités de l'émission, me sert fort contre elle en me chuchotant dans l'oreille que j'ai été remarquable dans mon interprétation de *La Valse à mille temps*. Je salue autant que je peux les techniciens du plateau, tous ces gens de l'ombre qui ont fait que j'ai brillé et que j'en suis arrivé là aussi. Nikos me fait appeler dans sa loge : j'y retrouve l'excellent Hassen, le régisseur du plateau, avec lequel je garderai sûrement contact, Mathieu Vergnes, le courageux producteur du programme, qui a su si bien répondre à nos desiderata ! Nikos me salue et me félicite pour ce parcours, revient en riant sur ce déjeuner grec particulièrement épicé au château de Dammarie... L'entourent quelques amis, le bras droit d'un ministre, sa complice et programmatrice sur LCI. La loge est bien assez grande pour accueillir tout ce monde. On y trinque, les coupes s'entrechoquent, et le champagne reste bien au frais. Je n'avais pas d'avis sur Nikos Aliagas, l'homme de télé, encore moins bien sûr sur l'homme qu'il est dans la vie. Cela reste une véritable belle rencontre. Un vrai professionnel, et une grande gentillesse... Je me rappelle ces moments où je lisais le prompteur et les titres trop trash des magnétos qui allaient suivre sur les primes. Lui arrondissait toujours les angles, cherchant à nous protéger. « Vous êtes un peu mes enfants pendant cette aventure », nous confiait-il. Dans cette loge, entre deux changements de chemise, Nikos m'a dit :

— Je suis très heureux que tu aies participé à l'émission. Tu l'as crédibilisée, tu lui as apporté autre chose...

Un vrai beau compliment. Merci Nikos. Je m'éclipse vite, pour ne pas déranger. Et j'ai aussi envie de retrouver mes proches. Il y a là toute l'équipe d'amis avec qui je suis souvent à Paris. Avant, avec eux, on se faisait pour rire des soirées « Nouvelle Star » autour de la télévision. Et voilà qu'ils se sont fait des soirées « Star Academy » avec moi dans la télé.

Tout seul, j'ai regagné le sous-sol. Les couloirs du prime deviennent glauques et froids quand plus personne n'est là. Toutes mes valises, mes sacs m'attendent là, dans ma loge. Les régisseurs sont déjà loin, repartis vers le château, tout comme Hoda, Lucie, Greg... Ce sont eux qui ont dû me laisser ce petit mot sur mes affaires : « Heureux de t'avoir connu. Tu nous manques déjà. »

Mathieu, tu es libre ! Je n'en reviens pas. J'en ai tellement rêvé depuis des semaines. Quel bonheur de retrouver la liberté. En même temps, je ne peux me cacher que j'en ai une certaine appréhension. Serrer Anne-Lise contre moi, embrasser maman. À mes yeux aujourd'hui, c'est comme un privilège. Me faudra-t-il d'autres moments de doute, d'angoisse, ou d'enfermement, pour m'en rendre compte ?

Je n'ai pas envie de traîner ici plus longtemps. Je sais que mes musiciens sont venus de Normandie pour m'accueillir à la sortie. Nicolas a réussi à se faire une place bien au chaud sur le plateau, dans le public. Il est fier comme un pape de ce qui nous arrive. Olivier, Alain et Hervé ont dû attendre à l'extérieur. Qu'est-ce que je les aime, putain ! Première pensée pour mon portable qui doit être gavé de messages. De quelle couleur est-il, au fait ? À quoi ressemble-t-il ? Quelques mois coupé de la réalité, et on oublie beaucoup de petits détails du quotidien... Et mon appartement ? Qu'est-il devenu ? Maguy a-t-elle eu le temps de repeindre la cuisine comme elle l'avait dit, en échange de un ou deux mois de « squat » de mes murs désertés ? Anne-Lise pleure à chaudes larmes. Maman aussi. Ça ne loupe pas... Je craque ! Maman me dit qu'elle a eu Serge au téléphone, il doit nous rejoindre avec David à la Villa, ce fameux endroit des nuits parisiennes où les académyciens viennent fêter leur sortie. Je me retrouve dans mon petit monde. En sécurité. Mais les trois amis qui viennent de reprendre le bus sans moi vont me manquer eux aussi. Hoda m'a dit que ce sera dur sans moi. À son arrivée, elle découvrira ce petit mot que je lui ai glissé entre ses draps, et qui se termine par : « Tu n'es pas seule... Je te regarde ! » Elle est ma plus belle rencontre au château.

Élodie et Juliette, les deux colporteuses de talent d'Endemol, deux attachées de presse attentives, humaines, toujours compréhensives, frappent à ma porte et me présentent le planning des trois prochains jours. Le repos n'est pas pour demain ! Émissions, interviews, c'est impressionnant. De nombreuses rencontres avec la presse, le t'chat de TF1, le « 6/9 » de NRJ, « la méthode Cauet » sur TF1. Trois jours de spirale médiatique. En même temps, ça me rassure un peu. Au Concorde La Fayette, où je vais me réfugier quelques jours, je sais qu'on me chouchoutera. Anne-Lise sera à mes côtés, et maman va profiter avec Brigitte, ma tante, de mon appartement parisien. Juliette et Élodie me serrent contre elles en me souhaitant plein de bonnes choses. « Ça ne démarre que maintenant pour toi », me disent-elles. Pourvu qu'elles aient raison.

Un autre visiteur frappe à ma porte. C'est Pascal Nègre, le grand patron d'Universal. Il vient me féliciter pour mon parcours, et aussi pour cette soirée, ce prime en particulier. Nous discutons à bâtons rompus pendant près d'une heure. Son discours est d'une grande honnêteté et m'oblige à la lucidité. Il dresse pour moi un bilan des quatre saisons, et des nombreux échecs des carrières solo des précédents candidats. Ce n'est pas très encourageant.

— Je pense que tu dois prendre le temps de faire un bel album. J'aimerais qu'on le fasse ensemble, chez Universal. On verra le label, mais tu as beaucoup de talent, et je crois sincèrement que tu peux faire quelque chose.

Je l'écoute sans trop oser intervenir.

— Ton album, il faudra que tu en signes au moins la moitié. Pour l'autre, on choisira des auteurs et des compositeurs. Ça me semble bien, non ?

J'acquiesce. Évidemment que c'est bien. Et surtout,

cela veut dire qu'il pourra y avoir un « après »-Star Ac. Il poursuit :

— Rien ne sera simple, et tu le sais. Bosse, bosse, bosse... Le plus dur, c'est maintenant. On va faire un single ; si ça marche, on aura moins de temps. Si ça ne marche pas, on attend l'après-tournée pour se voir, et on le sort au calme. Enfin, quand tu auras un peu plus de temps à toi !

C'est un bon coup de pied au cul qu'il vient de me donner là. Aucune grande promesse. Il me dit seulement qu'il va falloir travailler, travailler, et encore travailler. Puis nous parlons de ce qu'il appelle mon positionnement. C'est très marketing, mais c'est vrai qu'il ne faut pas se tromper. Je lui explique que je me sens un peu « le cul entre deux chaises ». J'adore Bruel, mais je suis fan de Miossec ! Deux mondes tellement différents, et même assez opposés.

— Il faut y réfléchir, conclut-il. Nous serons là pour t'aider.

Cet échange m'a fait grand bien. Je sais que, dès demain, je mettrai en pratique les conseils que je viens de recevoir. Je vais me battre au quotidien, et faire en sorte qu'on ne m'oublie pas. En tout cas, contrairement à ce que j'ai lu sur d'autres anciens candidats, à ma sortie de l'émission je ne me suis pas senti « lâché » dans la nature. Il suffit juste de nous débrouiller pour être toujours là, car on ne vient pas nous chercher par la main. La porte est entrouverte, il faut la pousser, sinon elle se referme. J'ai entendu dire que Jérémy Chatelain a fait le siège d'Universal à sa sortie. Et il a bien fait. Il n'y a que nous pour donner envie aux équipes de travailler ou non à nos côtés et de nous aider.

C'est Johnny, un agent de sécurité que j'apprécie particulièrement, qui va se charger de moi ce soir. Il profite du trajet pour me briefer. Je ne suis pas sorti seul depuis plus d'un trimestre. Les gens aujourd'hui vont être différents avec moi, les attitudes vont changer, je suis un personnage public. Il va falloir que je m'y habitue : maintenant, on me reconnaît dans la rue. Je m'en tape un peu, et Johnny le sait bien, mais ces regards sur soi, il faut apprendre à les assumer.

Au premier stop en sortant du plateau de La Plaine, ceux que j'aperçois ont des visages familiers. Je supplie Johnny de s'arrêter. Ce sont mes musiciens qui nous suivent. On se retrouve comme des mômes, les larmes aux yeux. On s'était promis que si un jour il se passait quelque chose, on continuerait de bosser ensemble. Aujourd'hui, ça y est, il s'en passe, et ce sont mes compagnons de route des débuts qui vont rester à mes côtés.

Devant la boîte, quelques fans, peu nombreux, m'attendent. Anne-Lise est dans la voiture, et c'est le début d'un moment de parano. Les différents services de presse m'ont fait comprendre que les paparazzi aimeraient bien nous « shooter » tous les deux. Et nous n'en avons aucune envie. Anne-Lise tient à sa tranquillité. « Soyez prudents », n'ont-ils cessé de nous répéter. Alors nous devons nous livrer pour la première fois à un petit jeu que je déteste : elle entre seule, incognito, dans la boîte. J'arrive plus tard, comme si nous ne nous connaissions pas. Cela m'agace et nous attriste. Nous venons à peine de nous revoir... « Une question d'habitude », me dit Johnny. Et de prudence aussi. Je n'ai toujours pas vraiment conscience qu'on me connaît, qu'on m'a vu vivre...

L'endroit où nous nous retrouvons est sympa, plutôt classieux. Le carré VIP où je dois rejoindre mes proches est déjà bondé à mon arrivée. Ça me fait peur et m'excite en même temps. On y met tout le monde en fait. Les habitués du lieu, les meilleurs clients, ceux qui achètent une ou deux grosses bouteilles de champagne... C'est dans ce petit carré, censé nous être réservé, que surgissent les premiers sourires intéressés. À cela aussi je devrai m'y faire. Ce sont les quelques « filles légères » dont Johnny me parlait dans la voiture. Elles se ressemblent, toutes trop maquillées, avec le même air niais. Au secours ! Dire que les gens qui m'aiment vraiment ne m'ont pas vu depuis plus de trois mois. C'est avec eux que j'ai envie de bavarder, personne d'autre. Pourtant on me tire, on m'appelle dans tous les sens.

Heureusement, tous mes proches sont là. Presque trop nombreux eux aussi. Comment pouvoir discuter réellement dans ces conditions ? Je verse quelques larmes, trop ému de retrouver d'un coup toute ma famille. Je vois tout le monde et je ne vois personne. Pas une minute sans qu'on vienne m'interrompre, me parler d'un truc ou d'un autre. Il y a un auteur en quête d'interprète, un coiffeur qui cherche un job, une fille en manque de sexe, un organisateur de soirées people... S'ils savaient tous à quel point je m'en fous ! Mais je me dois d'être disponible. À partir de maintenant, c'est jouer ce jeu-là, ou retomber dans l'anonymat, rentrer chez moi... Et cependant, comme j'aimerais que ce bus qui m'a si souvent reconduit au château après les primes vienne nous chercher, mes amis et moi, et nous emmène au calme, loin de ce tourbillon.

Je devrais être épuisé par ces semaines à peu dormir, ce stress permanent, la tension du prime de ce soir. Mais je ne parviens pas à ressentir la fatigue. J'ai trois mois à rattraper. Trois mois d'infos aussi. J'apprends coup sur coup que Yasser Arafat est mort il y a près de quinze jours, que Françoise Sagan ne foulera plus les planches de Deauville, que Christopher Reeves s'est envolé pour toujours mais sans son costume de Superman, ou encore que nos deux journalistes français sont toujours retenus en Irak. Je suis en total décalage, moi qui écoutais France Info en boucle, et parcourais la presse chaque jour. Serge me dit que ma voiture est toujours au chaud dans son garage, à Valognes, dans le Nord-Cotentin. C'est vrai ça ! J'ai une voiture... J'ai hâte de remonter dedans. Voiture égale liberté ! Liberté...

Pas question de rester des heures ici. Je l'avais promis à ma chérie, on ne va pas s'éterniser. On m'observe, on me scrute. Je sens tous ces regards qui me transpercent. Je suis crevé, mais j'ai définitivement abandonné l'idée de pouvoir m'asseoir au calme.

Serge me tend un portable. « C'est à qui ? » Il se marre. C'est bien le mien ! Je l'allume déjà automatiquement. Vingt-trois messages, trente-huit textos sont arrivés ce soir ! Les clés de mon appartement rejoignent mes poches à leur tour. Je fais signe à Johnny qu'il est temps d'y aller. Un au revoir général... Je pars. Anne-Lise sort juste après, au bras de Thierry, comme en couple, le temps de rejoindre la grosse cylindrée de Johnny. Je monte dans la voiture. Silence. Une page de ma vie se tourne à ce moment précis. Succès ou pas, ma vie aura été différente pendant quelque temps. J'aurai touché du bout du doigt mon rêve de gloire. Pas encore tout à fait celui de musique... J'ai tellement de recul sur l'aventure. Je sais, et ça ne me lâche pas, que le travail m'attend, qu'on ne va pas m'épargner et que des gens ricaneront certainement. Pas tous bien sûr, mais je crains ça.

— Johnny, quelle image j'ai dehors ?

— Les gens te trouvent sympa et naturel. Franchement, t'as une belle image.

— C'est vrai, tu as la cote, me glisse ma chérie, assise derrière, entre deux valises.

Je redoute un peu la manière dont les gens m'ont perçu. Leurs paroles m'apaisent et me rassurent. Cette première nuit, je la passe en amoureux. Enfin ! Je peux serrer dans mes bras sans crainte la femme de ma vie, loin des caméras, des flashes, des micros. On pleure beaucoup tous les deux, on a tellement de choses à se dire. Il y a eu toutes ces séquences montées qui lui ont fait mal. Ces pseudo-*love-stories* auxquelles elle a failli croire. Elle a souffert et le porte sur elle, dans son regard. Le plus dur est passé. Nous en avions beaucoup parlé avant, nous en parlons encore souvent. Et je pense que ça durera. Cette émission laisse des traces, des séquelles. Chaque couple qui se prête au jeu de la téléréalité se met en danger. On le sait quand on entre dans l'émission. Au bout de quatre saisons, près de cent pour cent des bateaux sur lesquels voguaient des couples ont pris l'eau. La majorité a coulé à pic.

Ma messagerie sature et je décide de la relever. Beaucoup d'amis qui m'envoient de petits mots réconfortants, mais aussi des messages d'inconnus désirant savoir si c'est bien mon numéro. Et puis quelques artistes connus qui me laissent des messages de sympathie. Je sais que c'est assez rare et j'avoue que ça me fait plaisir. Un petit coup d'œil sur mon planning me permet de voir qu'il me reste tout juste trois heures de sommeil.

Samedi matin. Réveil difficile, juste le temps de prendre une douche, puis c'est l'enchaînement des interviews. Élodie nous a rejoints. Au téléphone, les journalistes sont curieux de tout, et surtout se préoccupent de la santé de Grégory. Je les rassure : tout va bien pour lui. Je réponds que je ne suis pas frustré d'avoir frôlé la finale et que je suis heureux pour mon « Petit Prince ». Je ne cache pas ma joie d'avoir quitté le château et le bonheur de retrouver les bras de ma fiancée. J'avoue aussi la fatigue, le stress accumulé au fil des semaines. L'exercice m'amuse. Ça tombe bien : pendant soixante-douze heures je ne vais faire que ça, répondre à des interviews.

Deux heures de pause ce samedi. Deux heures qui tombent à pic ! Envie de me faire un petit plateau-repas avec Anne-Lise devant la télé comme au « bon vieux temps », lorsque nous mangions sur son lit dans sa petite chambre d'étudiante. Nous allumons la télé, et là, miracle ! Une rediffusion de Star Academy. Je vais enfin pouvoir regarder l'émission. Je revois les heures qui ont précédé ma sortie, un extrait de *La Valse à mille temps,* puis mon élimination. J'ai l'impression de regarder un autre. Je me sens spectateur. Ce n'est pas moi. Ce ne sont pas les autres non plus : je suis choqué par la maigreur de Hoda, en salle d'interview. C'est vrai que beaucoup d'entre nous ont perdu pas mal de poids. Je change de chaîne et tombe sur le zapping. J'adore le regarder depuis que je suis minot. Première image ce samedi : Hoda, Lucie, Greg et moi qui nous tenons par la main et nous trémoussons en chantant une chanson des Schtroumpfs. Une séquence où nous sommes parfaitement ridicules. L'image sortie de son contexte nous fait passer pour quatre idiots et contribue largement à donner cette image débile qu'a souvent la télé-réalité. L'image parfaite des candidats de Star Ac auxquels il manque le cerveau. Je comprends mieux comment fonctionne la télé. Toute la télé, pas seulement TF1.

Dimanche, après une nuit normale de huit heures, et avec un planning moins chargé, je me décide à rapatrier quelques sacs dans mon appartement. En soirée, un taxi nous dépose dans ma rue, Anne-Lise et moi. Rien n'a vraiment changé ici. Normal, trois mois seulement se sont écoulés. On a clôturé l'ensemble de la résidence « pour des raisons de sécurité », disait-on avant que je parte. Éliane et Brigitte nous attendent là-haut. Ça y est, je suis chez moi ! Comme c'est petit...

Lundi : promo à fond ! Le réveil sonne à six heures. J'ai rendez-vous, comme tous les sortants de Star Ac, dans le morning de NRJ. Je suis surpris de l'accueil de la bande de joyeux lurons. Ils sont extrêmement sympathiques avec moi, et je passe un agréable moment. Bonne ambiance et grosse déconnade. J'enchaîne avec des interviews téléphoniques, puis l'enregistrement de « La méthode Cauet », pour rentrer chez moi à vingt et une heures. Je n'ai pas vu la journée filer. Tôt ce matin, j'ai laissé au bagagiste du grand hôtel une bonne dizaine de sacs sur lesquels j'ai écrit « Mathieu » au marqueur. Il les sort de sa loge et me les dépose dans la grande entrée, juste devant les tourniquets. Je suis seul. J'ai un peu froid, le bonnet enfoncé sur les yeux. Je me camoufle. Autour, des gens me regardent avec pitié. On me prend certainement pour un jeune mec qui ne sait pas où aller. D'autres me reconnaissent et viennent discrètement me demander un autographe. C'est la première fois que je me retrouve seul, livré à moi-même. Il y a soixante-douze heures, on s'occupait de tout, j'étais entouré, assisté. À la minute présente, j'attends l'arrivée de mon taxi, avec à mes pieds ces sacs blancs où s'entassent les cadeaux offerts, les peluches des enfants, les vêtements généreusement donnés par les grandes marques... Il y a trois mois de ma vie à mes pieds. Quel paradoxe... Je sors d'une aventure surmédiatisée et je ne sais quoi faire de mon bazar. Le chauffeur m'aide gentiment à entasser tout ça dans sa Peugeot 207 et ne me laisse pas remonter chez moi avant de lui avoir signé une petite photo.

Depuis ma sortie, il s'est déjà passé pas mal de choses : des moments avec les miens, du courrier, beaucoup de courrier, des rencontres avec la presse. Bien sûr, je ne peux pas dire que Star Academy ne m'ait pas du tout changé, mais, sans prétention, j'ai vraiment l'impression d'être toujours le même. C'est l'une de mes hantises. Être toujours le même aux yeux de ceux qui comptent pour moi. Ne pas les avoir déçus. Être normal, naturel, pour les autres aussi. Bien sûr, il faut se justifier de certains petits trucs, expliquer, raconter. Ne pas hésiter à répéter que tel prof est mon préféré, que notre directeur Gérard Louvin est bien sympathique, que la salle CSA n'a rien d'extraordinaire, et j'en passe, il fallait s'y attendre. Parfois, on ne se souvient pas ou mal de mon prénom et j'entends murmurer : « C'est celui qui embrassait les profs sur la bouche. » Le « serial kisseur » que j'ai été pour la circonstance n'est pas très fan des quelques personnes qui osent s'emparer de sa bouche dans la rue. Les gens ont souvent l'impression que nous sommes intimes parce qu'ils m'ont suivi pendant trois mois. Certains me connaissent par cœur. Ils oublient qu'on ne se connaît pas. Je suis toujours surpris quand on m'arrête dans la rue et qu'on me demande si ma mère va bien, si ça marche toujours avec ma petite fiancée, ou si ma sœur a accouché.

Depuis, j'ai retrouvé mes racines. Saint-Lô et la Manche ont été au rendez-vous lors de mon retour au pays. Une semaine après ma sortie, mes musiciens et moi avons fait une fête gigantesque. Nous avons offert un mini-concert et sept mille personnes ont fait le déplacement. Le parc expos de Saint-Lô ne se souvenait pas d'avoir été bondé de la sorte, et heureusement des écrans géants permettaient à ceux qui n'avaient pas pu entrer de ne pas se sentir trop exclus. Et puis il y a eu un vrai concert deux mois plus tard, avec toutes nos chansons. Et encore deux mille personnes pour les reprendre avec nous. Qu'il est bon de se sentir soutenu dans la ville où l'on a ses habitudes, là où l'on a grandi. Saint-Lô et ses remparts m'ont tellement manqué. J'ai grandi ici, et je sais que j'y garderai un pied-à-terre pour toujours. C'est là qu'est né mon rêve, que j'ai commencé à y croire, que j'ai essayé de convaincre les autres.

J'ai revu l'appartement de maman, et mamy qui n'a presque rien loupé de tout ça. Le batteur de planches que je suis a réalisé en partie un rêve de gosse, au départ presque inavouable. *J' te reconnais pas* est dans les bacs et le public qui a pu l'entendre semble l'aimer. J'en suis fier. Un peu plus parce que cette chanson est de moi, et aussi parce que c'est mon histoire. J'ai eu la chance de pouvoir l'enregistrer avec Yves Jaget, rencontré au château et qui a signé tellement de belles réalisations. Philippe Paradis, un autre grand talent, a mis courageusement son nez dans l'affaire.

En tout cas, le message de la chanson est passé. Mon père, qui depuis Star Ac se vantait enfin de l'être, a maintenant du mal à assumer de nous avoir laissés sur le bas-côté, maman et moi. J'ai reçu récemment une lettre, signée de sa femme, qui m'explique qu'il souffre de la situation. Qui l'eût cru, vingt-cinq ans plus tard ?

Et puis il y a la tournée. Nous allons prendre la route et rencontrer le public. Je suis impatient.

« Et Paris qui bat la mesure... »

Samedi 25 juin 2005, vingt-trois heures trente, fin de la tournée. Les seize mille spectateurs qui ont enflammé Bercy ce soir sont maintenant rentrés chez eux. Sur la scène, on démonte tout. Dans les loges, on s'affaire encore un peu. Cette fois, il n'y aura plus de rappel, l'aventure Star Academy est terminée. Je ne sais si j'ai le cœur serré ou léger. Serré parce que c'est la fin de quelque chose. D'une période à part dans mon existence. Serré aussi parce qu'on ne peut être indifférent à tous ces cris, à ces regards captés dans le noir. Parce que sans doute je ne « ferai » plus Bercy. Je n'oublierai pas l'océan de ces petits objets lumineux agités dans le noir et qui me collent la chair de poule à l'instant même où je prends la pose, perché sur le décor en hauteur à côté de David le batteur. Au revoir au *Tourbillon de la vie* que j'ai eu du mal à chanter pour la dernière fois ce soir, assis à côté de Radia, sur le télésiège qui nous balançait dans les airs, bye-bye les hymnes de la Star Ac 4 qui nous ont rendus célèbres. Adieu au plaisir de remettre le feu aux planches avec Harlem sur *Face à la mer,* ce moment que nous attendions comme deux gamins chaque soir, tout excités à l'idée de faire lever la salle sur le cinquième titre du show. Je regrette déjà les blagues de Matthieu Gonet, cet humour que j'aime tant, les jolies soirées avec François et Mao, les deux guitaristes du Star Ac Tour.

Mais c'est vrai, ce soir, pourtant, je me sens léger. Léger de reprendre ma liberté. J'ai hâte de conduire ma barque seul, avec mes chansons et ma guitare en bandoulière, de retrouver ce public qui me manque déjà, dans les salles plus intimes que Jean-Claude Camus, mon tourneur, me promet.

Pendant l'émission, j'ai souvent pensé à ce que pourrait être la rencontre avec le public. J'ai imaginé comme les autres ce qu'on peut ressentir sur scène face à ces cris, cette hystérie, ces bras tendus, ces jeunes filles qui s'évanouissent... Même si l'applaudimètre a chaque fois explosé quand Grégory entrait sur scène, je suis fier et touché d'avoir vécu cela. Les larmes qui montent aux yeux de ces inconnus... Il y a des visages que je n'oublierai jamais. Des traits qui resteront gravés. Peut-être ne revivrai-je jamais une telle folie. Je ne sais pas si j'en ai envie.

Et pourtant, j'ai failli tout plaquer, juste à la veille de la tournée, après les deux générales de Divonne-les-Bains. Mal à l'aise dans le spectacle, à bout, mécontent de la place que j'ai sur scène, frustré de ne pas pouvoir reprendre *La Valse à mille temps,* et dégoûté qu'aucune place ne soit faite à nos propres chansons. Je reproche à ce spectacle d'être trop « télévisuel », éloigné de ce que j'aime.

Mais la recette fonctionne, le public adore, et on entend souvent dire que ce concert est meilleur que les précédents. C'est toujours le public qui a le dernier mot. Tant mieux.

Ce jour-là, Matthieu Gonet m'a longuement parlé et convaincu de rester. Je crois m'en être fait un ami, un vrai. On a partagé beaucoup de bons moments, et on a pas mal de points communs. Chouette type, que ce doux rêveur à l'oreille absolue.

Bien sûr, je redoute le futur. Les journalistes me l'ont dit et redit : l'après-Star Ac est incertain. Oui, j'ai peur que tout ne s'arrête. Et si le public m'oubliait, comme il a oublié bon nombre de mes camarades des précédentes saisons, et même de celle à laquelle je participais ?... Ayant déjà travaillé dans l'ombre des autres, l'anonymat ne me fait pas vraiment peur. Ce qui m'angoisse un peu, c'est un jour de ne plus pouvoir chanter.

Je quitte Bercy par la sortie publique, sans garde du corps et sans plus personne pour me porter mes valises. Seul Grégory a été accompagné au restaurant où nous nous retrouvons tous. J'y reste dix minutes et je préfère m'éclipser dans une autre salle avec des proches. Je ne dis au revoir à personne. Je n'en ai pas envie. Je sais déjà qui je reverrai et surtout qui je ne reverrai pas. J'appellerai bien assez vite ceux que je désire embrasser. L'ambiance de ces longs mois passés ensemble a souvent été tendue. Je déteste les « salut chéri » et autre « on se fait une bouffe, ma puce ». À d'autres ! Je suis plus admiratif du travail des techniciens, de ceux qui montent et démontent, de ceux qui s'occupent de tout en coulisses, sans rien demander à personne, que de mes petits camarades. De ceux qui n'ont que cinq heures de sommeil par nuit, parfois moins... Eux, on ne les a presque pas vus. Ils dorment dans un coin de salle, fuyant le bruit, ou dans les couchettes des bus allemands si bien aménagés. Chaque jour, au total, cent quatre-vingts personnes bossent « pour nous », pour le public, pour que ce spectacle puisse exister dans les meilleures conditions.

Cette fois, je suis définitivement de retour dans mon appartement. Comme à ma sortie du château, avec deux gros sacs plastique où sont entassées les tenues que je portais sur scène.

Besoin de ranger mon petit espace de vie. Ici, c'est un peu Tchernobyl, sans les ondes radioactives. Il y en a partout : mes valises qui dégueulent de linge, des lettres éparpillées aux quatre coins du salon, des peluches, un sac de merchandising Star Ac Tour 2005, sept ou huit machines de linge à repasser, des photos éparpillées... J'ai de quoi faire ! Du moins pour ces prochains jours.

Je vais reprendre le chemin des studios. Ça, j'aime. Je vais écrire des chansons, j'ai des airs en tête. Il y a ce livre que je termine d'écrire avec Serge. Ça va m'occuper. Et puis ce nouveau spectacle à penser. J'étais un brin angoissé de devoir affronter des journées vides : aujourd'hui, il est certain que je ne m'ennuierai pas. Demain matin, je pars chanter mon single à Mourmelon. Et ce sera comme ça tout l'été, aux quatre coins de la France. Alors... à moi la liberté !

Je vais retrouver ma Normandie, je vais reprendre ma vie et mes voyages avec pour bagage cette année qui vient de passer, trop vite à certains moments, trop lentement à d'autres... Je pleurerai certainement parfois, nostalgique que je suis, me réconfortant dans les bras de ceux que j'aime. Je vais revoir mon Nico et son home-studio. Je nous imagine déjà nous ronger les ongles jusqu'à pas d'heure à refaire le monde et à fantasmer sur notre probable réussite personnelle et professionnelle un jour ou l'autre. J'appellerai sûrement Serge tout à l'heure pour savoir s'il a des nouvelles d'Universal et si les projets avancent.

Je n'ai pas envie de me retourner maintenant sur les mois qui viennent de s'écouler. Vieillir m'angoisse et tout ce qui va avec aussi. Regarder dans le rétroviseur me panique.

En m'endormant, ce soir, dans mon petit appartement parisien, j'ai dans la tête quelques notes d'un accordéon qui s'affole.

« Et Paris qui bat la mesure, qui fredonne, fredonne déjà... »

Protéger les droits de l'enfant aujourd'hui,
c'est la meilleure façon de garantir
les Droits de l'Homme demain.

Carole Bouquet, porte-parole de la Voie de l'Enfant
www.lavoiedelenfant.org

Cet ouvrage a été composé et imprimé par

FIRMIN DIDOT

GROUPE CPI

Mesnil-sur-l'Estrée

en septembre 2005

N° d'édition : 1074/01 – N° d'impression : 75123
Dépôt légal : octobre 2005
Imprimé en France